굿바이 불법파견
헬로우 준법도급

굿바이 불법파견 헬로우 준법도급

2022년 11월 10일 초판 인쇄
2022년 11월 16일 초판 발행

지 은 이 | 송명건
발 행 인 | 이희태
발 행 처 | 삼일인포마인
등록번호 | 1995. 6. 26. 제3-633호
주   소 | 서울특별시 용산구 한강대로 273 용산빌딩 4층
전   화 | 02)3489-3100
팩   스 | 02)3489-3141
가   격 | 30,000원

ISBN   979-11-6784-107-0 03320

사내노무사인 기업현직팀장이 직접 쓴

굿바이 불법파견
헬로우 준법도급

송명건 지음

★★★
불법파견
리스크 예방을 위한
7가지 솔루션
★★★★

SAMIL | 삼일인포마인

　　현재 대한민국 산업계 전반에서 사내하도급은 널리 활용되고 있다. 사내하도급이 노동법적 측면에서 문제가 되는 부분은 민법상 도급계약 형식임에도 불구하고 파견근로자 보호 등에 관한 법률상의 근로자파견에 해당하는지 여부이다. 만약 협력업체와 체결한 도급계약의 실질이 도급이 아닌 불법파견으로 판단된다면 직접고용, 형사처벌 등의 벌칙과 제재를 받게 된다. 기업의 협력업체 소속 근로자는 수십 명에서 많게는 수천 명이 될 수 있기 때문에 적법한 사내하도급 운영은 기업에게 매우 중요한 문제이다.

　　필자는 약 20년 동안 실무자로서, 사내 노무사로서 기업의 불법파견 리스크를 예방하기 위해 다양한 실무경험을 했다. 이 경험을 하면서 기업이 어떻게 하면 관련 법률과 지침, 기준 등을 준수하면서 안정적으로 사내하도급을 운영할 수 있는지에 대해서 참고할 만한 실무지침서가 있으면 좋겠다는 생각을 오래전부터 해왔고, 마침 좋은 기회가 되어서 이 책을 집필하게 되었다.

　　준법도급 담당 부서 신입사원의 시선으로 불법파견이 무엇인지, 왜 중요한지, 이것을 예방하기 위해서는 무엇을 어떤 순서로 어떻게 해야 하는지에 대해 기업에서 실제로 하는 준법도급 진단절차를 7가지로 구성하고 스토리텔링 형식으로 하나씩 이야기를 풀어 나갔다. 지금은 불법파견, 사내하도급 리스크에 대한 책들은 거의 없는 실정이다. 있다 하더라도 대부분이 관련 법률, 판례 등 원론적인 내용만을 다루고 있다. 이 책은 불법파견 리스크 예방을 하기 위해서 기업은 무엇을 어떻게 해야 하는지에 대한 실무 내용이 담겨 있고 각 진단 절차별로 확인해야 될 핵심내용에 대해서 별도로 체크포인트를 정리하여 실무에 실질적으로 도움이 될 수 있도록 구성했다. 특히 진단 체크리스트를 어떤 방법으로 만드는지에 대해서 기업에서 실제 쓰고 있는 방법을 사례를 통해 설명하여 독자들에게 실질적인 도움을 주고자 했다.

독자가 기업의 팀장 등 조직책임자와 인사노무, 협력업체 관련 부서의 구성원이라면 적법하게 도급을 운영하기 위해서 무엇을 어떻게 해야 하는지에 대해 쉽게 이해할 수 있을 것이다. 또한 기업의 불법파견 리스크 예방을 위해 다양한 컨설팅·진단을 하고 있는 공인노무사, 변호사, 컨설턴트라면 기업에서 어떻게 준법도급 자체 진단을 하는지에 대한 이해와 함께 컨설팅 결과의 방향성에 대해 많은 참고가 될 것이다.

인사노무부서, 협력업체 관련부서의 기업구성원과 공인노무사 등 컨설턴트는 준법도급 진단 각 절차에서 실제 기업에서는 어떤 방법으로 준법도급 진단을 하는지 확인할 수 있고, 각 솔루션별 실무특강을 통해서 각 절차의 핵심 포인트를 체크할 수 있을 것이다.

Solution	핵심 포인트
1. 불법파견? 준법도급?	파견과 도급의 이해
2. 불법파견은 어떻게 발생하는 걸까?	불법파견 발생 형태, 판단절차 및 기준
3. 준법도급 진단 준비하기!	준법도급 진단 준비절차 및 준비사항
4. 진단 체크리스트는 어떻게 만들어야 할까?	정량적 진단Tool 개발 핵심 체크포인트
5. 현장진단을 나가보자!	현장진단 실무 체크포인트
6. 결과보고와 현업 공유회는 어떻게 준비해야 할까?	결과보고 및 현업 공유회 실무 체크포인트
7. 준법도급 진단의 마지막! 직원교육	준법도급 직원교육 목차 및 주요내용

굿바이 불법파견
헬로우 준법도급

Contents

회사 및 등장인물 소개

회사 소개

원청: (주)명송전자

청소기, 선풍기, 믹서기를 생산하는 가전제품 제조업체이다. 종업원은 약 1,000명 규모이고 연간매출액은 2,000억 원, 영업이익은 200억 원 규모의 중견기업이다. 본사는 서울에 위치해 있고 사업장은 울산, 광주, 대전에 있다. 도급계약을 체결한 협력업체로부터 주요 부품을 공급받아 (주)명송전자에서 최종 조립하여 완성품을 생산하고 있으며, 협력업체의 수는 약 500여 개이다.

◣ 인원 현황

구분	청소기사업부							회전기사업부				경영 지원실	합계 (명)
	연구 개발실	생산실				영업 마케팅실	소계	연구 개발실	생산실	영업 마케팅실	소계		
		울산1 공장	울산2 공장	광주 공장	계				대전 공장				
인원	50	260	180	180	640	40	730	30	215	20	265	40	1,035

◤ 조직 현황

- 2사업부, 7실, 4공장, 22팀, 16반
- 1팀 내수, 2팀 수출

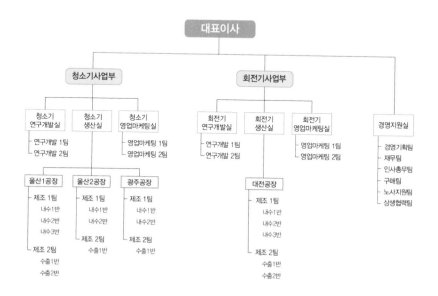

하청: 성학기전

청소기 부품 제조업체이다. (주)명송전자와는 10년간 사업을 해오고 있으며, 종업원은 200여 명 규모로 울산에 있다. 현장대리인인 박 부장은 울산으로 오기 전 인천 관련 업계에서 근무를 하는 등 20년 이상의 경력자로, 울산 지역 (주)명송전자 협력업체 관리자 중 최고의 베테랑이다.

👤 송 팀장

현재 (주)명송전자 상생협력팀장을 맡고 있다. 경력직으로 4년 전에 (주)명송전자에 입사했으며, 공인노무사로 타기업에서 약 20년 동안 인사노무를 한 경험이 있다. 호탕하며 밝은 성격이나 업무를 할 때에는 꼼꼼한 준비로 팀원들을 긴장시키는 전형적인 실무형 팀장이다.

👤 윤덕원 차장

경력직으로 1년 전에 (주)명송전자에 입사했다. 이전 직장에서 10년 간 인사노무 경력을 가지고 있으며, 현재 회사에 적응 중이다. 조용한 성격이나 팀장과 팀원의 중간 허리 역할을 잘 해내고 있고, 특히 집과 회사가 걸어서 15분밖에 걸리지 않아 워라밸에 있어서는 매우 만족하고 있다.

👤 강균성 과장

공인노무사로 3년 전에 경력직으로 (주)명송전자에 입사했다. 경력으로 입사한지 3년 밖에 되지 않았지만, 이전 회사와 노무법인에서의 다양한 업무경험을 가지고 있다. 업무를 할 때는 철두철미한 성격으로 송 팀장으로부터 두터운 신임을 받고 있으며, 상생협력팀 신입사원인 박서준 사원의 멘토이기도 하다.

👤 이문강 대리

(주)명송전자 공채 출신으로 상생협력팀에서만 8년째 근무 중이다. 공인노무사로 조직에 대한 로열티가 높고 현재 조직 내에서 핵심 인재로 인정받고 있으며, 내년에는 과장 진급을 앞두고 있다. 보기와는 다르게 내성적이기는 하나 솔선수범으로 고참 선배들과 후배사원들의 연결고리 역할도 훌륭히 수행 중이다.

👤 정호성 대리

사원 3년차로 경력 입사하여 상생협력팀에서 1년 정도 근무했다. 대학에서 법학을 전공하고 사법고시를 준비한 경험도 있다. 사시에서 공인노무사로 전향해서 1년 만에 합격한 후 노무법인에서 3년간의 근무로 실무에 해박한 지식을 가지고 있다.

👤 박서준 사원

상생협력팀에 3년 만에 입사한 신입사원이다. 대학에서 외국어를 전공해 인사노무에 대한 기본적인 지식과 경험은 없으나, 신입의 패기로 인사노무에 대해 경험하고 싶어 상생협력팀에 지원해서 입사한 케이스이다.

1
Solution

불법파견? 준법도급?

굿바이 불법파견
헬로우 준법도급

사내노무사인 기업 현직 팀장이 직접 쓴
불법파견 리스크 예방을 위한 7가지 솔루션

불법파견? 준법도급?

"팀장님, 뉴스 보셨어요?"

"뉴스? 강 과장, 무슨 뉴스?"

팀원들과 점심을 먹고 들어오던 송 팀장은 강 과장을 보며 다시 물었다.

"P사 불법파견 대법 판결이요. 방금 대법 판결이 나와서 뉴스 포털 검색 1위예요. 예상대로 2심처럼 대법에서도 불법파견으로 인정했네요."

"아……."

(주)명송전자 상생협력팀장인 송 팀장은 짧은 한숨을 내쉬었다. 상생협력팀은 협력업체에서 (주)명송전자와의 원활한 도급업무를 수행할 수 있도록 협력업체가 안정적인 노사환경을 유지할 수 있도록 지원해 주는 부서이다. 불행 중 다행인지 모르겠지만 아직은 (주)명송전자를 대상으로 불법파견 진정이나 근로자지위확인소송을 제기하지는 않았으나, P사 불법파견 대법원 판결로 (주)명송전자의 협력사와 협력사 직원들이 동요되지 않을까 하고 걱정하고 있는 터였다.

"팀장님, 오후에는 팀 막내 박서준 신입사원 OJT가 준법도급 주제로 13시부터 회의실에서 실시될 예정입니다. 우선은 준법도급의 개념에 대해서 이해시키는 정도로 진행하려고 합니다. 불법파견, 준법도급의 개념과 사례를 설명하고 질문을 받는 형태로 진행하겠습니다."

강 과장은 상생협력팀의 중간 관리자로 얼마 전에 입사한 박 사원의 멘토이다. 경력으로 입사한지 3년 밖에 되지 않았지만 이전 회사와 노무법인에서 다양한 업무경험을 가지고 있는 노무사여서 신입사원 멘토로 선정했는데, 오랜만에 입사한 팀 막내 OJT에 열심인 것이 송 팀장은 대견하고 고맙기만 하다.

"서준 씨, 입사한 지 얼마나 되었죠?"

"2주차입니다. 강 과장님."

신입막내 박서준 사원은 상생협력팀에 3년 만에 입사한 신입사원이다. 대학에서 외국어를 전공해서 인사노무에 대한 기본적인 지식과 경험은 없으나, 신입의 패기로 인사노무를 경험하고 싶어 상생협력팀에 지원해서 입사했다.

"서준 씨, 오늘 P사 불법파견 대법 판결 뉴스 보셨죠?"

"네, 점심 먹고 들어와서 잠깐 봤습니다."

 ## 파견과 도급의 정의

"파견, 도급. 이런 용어를 처음 들어 보셨을 것 같은데 혹시 파견과 도급이 무엇인지 알고 계신가요?"

"처음 들어봤습니다. 과장님."

"네, 처음 들어 보셨을 거예요. 관련된 업무를 하고 있는 사람들만 알 수 있는 그런 용어이고 분야이니까요. 간단히 말하면 파견은 '사람은 보내드릴 테니 출퇴근, 업무시간, 업무는 알아서 시켜주세요.'라는 계약이에요. 그러면 서준 씨가 사람을 받은 업체 사장이라고 하면 파견을 받은 근로자에게 관리감독, 업무지시 등이 가능합니다. 한편 도급은, 예를 들어 서준 씨가 에어컨 제조회사 사장이라고 가정해 봅시다. 서준 씨 회사가 에어컨 연구개발, 제조, 유통, 마케팅, 홍보를 전부해야 하는데 마케팅 분야를 잘 하지 못해서 마케팅을 잘하는 회사에 마케팅을 떼어 주는 것이 바로 도급이에요. 그러면 마케팅 회사에서는 서준 씨한테 받은 에어컨 마케팅 업무를 위해서 근로자를 채용하고 지휘감독을 하고 업무지시를 하며 에어컨 마케팅을 하게 되는 것이죠. 이때에는 서준 씨가 그 마케팅 회사 직원에게 업무 지시를 하면 안 됩니다. 왜냐하면 서준 씨 직원이 아니니까요.”

“…….”

“처음 접하다 보니 잘 모르는 게 당연해요. 저도 처음 이 개념을 접했을 때 ‘파견? 도급? 같은 거 아니야?’라는 생각이 들었어요. 하지만 계속 찾아보고 공부하다 보니까 나름 개념이 잡혔고 이해할 수 있었어요. 우리 팀은 불법파견 리스크가 우리 회사에 발생하지 않도록 사전에 점검하고 현업부서와 함께 개선하는 업무를 하고 있어요. 준법도급, 즉 법률과 기준을 준수하면서 민법에서 정하고 있는 도급업무가 수행될 수 있도록 지원하는 거죠. 이번 P사 대법 판결도 우리 팀 업무와 직접적으로 연관이 되어 있어서 우리가 이 뉴스에 많은 관심을 가지고 있는 거예요. 불법파견, 준법도급 등 용어들이 낯설 텐데요. 그러면 지금부터 하나씩 쉽게 설명해 드리겠습니다.”

“그러면 서준 씨, 불법파견은 무엇이라고 생각해요?”

“파견이 아닌 것이 아닐까요? 불법이니까. 관련 법을 지키지 않는 파견일 것 같습니다.”

"맞아요. 파견은 파견법에서 관련 요건을 규정하고 있어요. 즉, 파견법상 관련 요건을 위반했을 경우에 불법파견이 되는 것입니다. 관련 요건에는 파견 업종, 파견 허가, 파견 기간, 파견 관계 등 총 4가지가 있어요. 보통 불법파견이라고 판단하는 법원 판결에서는 파견 관계위반을 보는 것이라고 생각하시면 됩니다."

"그러면 각각의 내용은 어떻게 되나요?"

2 불법파견의 유형

(1) 근로자파견 업종위반

"하나씩 설명해 드릴게요. 첫 번째, 파견 업종위반입니다. 근로자 파견은 파견법상 파견을 할 수 있는 업종이 32가지로 정해져 있습니다."

"모든 업종이 아니라 32가지 업종에서만 가능하다고요? 왜 그런 거죠?"

"파견직은 비정규직으로 정규직보다 상대적으로 고용이 불안정하고 열악한 근로조건이어서, 만약 전 업종에서 파견이 사용 가능하다면 무분별하게 파견을 사용하게 될 것이므로 이를 방지하기 위해서 업종을 제한하고 있다라고 보시면 되겠습니다."

"정규직보다는 비정규직이 인건비가 싸니까 전체 업종에서 파견이 가능하다면 기업에서는 파견직을 많이 사용할 것 같긴 합니다."

"네, 맞아요. 그래서 32개 업종으로 제한하고 있어요. 한국표준직업분류상 전문기술을 요하거나 단순 지원 성격의 업무에만 파견이 가능해요. 그 외의 업종에 파견을 하게 되면 불법파견이 되는 것입니다."

"32개 허용 업종에서만 파견을 해야 한다. 알겠습니다. 과장님."

"서준 씨, 허용업종뿐만 아니라 파견금지업종도 파견법에 규정되어 있어요. 말 그대로 파견이 금지된다는 것이죠."

"금지업종에는 무엇이 있나요?"

"총 12개의 업종이 있어요. 파견직으로 했을 경우 신체 등에 유해한 결과를 초래하거나 무분별한 파견직 사용이 우려가 되는 직무라고 보시면 됩니다."

"구체적으로 어떤 업무가 있나요?"

"제조업의 직접생산공정 같은 경우에도 파견금지업종으로 되어 있습니다. 제조업의 직접생산공정 경우에는 거의 대부분이 정규직으로 이루어져 있습니다. 그런데 이 공정에 파견이 가능하다고 한다면 기업에서는 정규직 대신 비정규직인 파견을 사용해서 인건비를 아끼려고 하겠지요. 이처럼 무분별한 파견직 사용을 방지하기 위해 제조업의 직접생산공정을 파견금지업종으로 정하고 있습니다. 물론 재계에서는 파견법이 제정된 이후에 지속적으로 노동공급의 유연성을 위해서 제조업 직접생산공정에도 파견을 할 수 있도록 확대를 요구하고 있지만, 노동계에서는 비정규직을 양산하는 것이기 때문에 반대하고 있는 상황이기도 합니다. 또한 산업안전보건법상 유해하거나 위험한 업무, 분진작업 업무, 의료법상 간호조무사의 업무 등 역시 파견직으로 사용했을 경우에 신체 등에 유해한 결과를 초래할 수 있어서 파견금지업종으로 정하고 있습니다."

"네, 알겠습니다. 그런데 대리님, 제조업 직접생산공정에 파견금지는 기업에 너무 가혹한 것 아닌가요? 기업도 기업 나름대로 피치 못할 사정이 있을 수도 있잖아요."

"네, 그래서 파견법에서는 예외적으로 제조업 직접생산공정에 파견이 가능하게끔 예외규정을 두고 있습니다. 출산, 질병, 부상 등으로 결원이 생길 경우나 일시적 · 간헐적으로 인력을 확보해야 하는 경우에는 가능합니다."

"일시적 · 간헐적으로 인력을 확보해야 하는 경우요?"

"예를 들어 에어컨을 생산하는 제조업체의 경우, 무더운 여름에는 생산량이 급격히 증가할 수가 있습니다. 이때에는 생산라인에 직원들을 단기간 채용하는 경우가 발생할 수 있는데, 직접생산공정에도 일시적으로 파견을 투입할 수 있습니다. 업무량이 폭증하여 인력을 적시에 확보하기 어려울 때 가능하다고 노동부에서는 판단하고 있습니다."

"결원이 생기거나 일시적으로 인력을 확보할 필요가 있을 경우에는 제조업의 직접생산공정에도 파견을 사용할 수 있다."

"네, 맞습니다. 서준 씨."

(2) 근로자파견 허가위반

"강 과장님, 다음 불법파견 유형은 무엇인가요?"

"두 번째는 파견 허가위반입니다. 근로자파견을 업(業)으로 하기 위해서는 파견사업허가가 있어야 해요. 파견사업허가가 없는데 파견을 하게 되면 무허가 파견으로 불법파견이 되는 것이죠. 그리고 파견 사업허가를 받기 위해서는 조건들이 있습니다. 아무나 허가를 내주게 되면 무분별하게 파견을 하게 되니까요."

"파견사업허가를 위한 조건들은 무엇인가요?"

"파견법에서 정하고 있는데요, 5명 이상을 사용하는 사업장으로서 4대 보험에 가입되어 있어야 하고 자본금이 1억 원 이상이어야 합니다. 사무실도 전용면적 20제곱미터 이상이어야 하고 특정 사용 사업주를 대상으로만 파견업을 해서도 안됩니다. 이러한 요건들은 실질적으로 근로자파견을 업(業)으로 행할 수 있는 기본적인 요건들이라고 이해하시면 되겠습니다."

"파견사업허가를 위해서는 기본인 4대 보험, 자본금, 사무실, 복수의 파견거래처 등이 있어야 하군요."

"네, 맞습니다. 기본적인 요건을 정하고 있고, 이 요건을 준수하지 않으면 파견사업허가가 나오지 않습니다. 또 파견사업허가는 유효기간이 3년으로 정해져 있고 만료 전에 갱신 허가를 받아야만 파견사업허가를 유지할 수 있어요. 이 유효기간이 만료된 상태에서 파견업을 행하는 것도 역시 불법파견이 됩니다."

(3) 근로자파견 기간위반

"불법파견 세 번째 유형은 파견 기간위반입니다. 파견을 계속해서 사용할 수 있다면, 고용기간의 정함이 없는 정규직과 동일하게 되겠죠? 파견근로자들이 정규직 대비 임금이나 복리후생을 덜 받고 계속 근무하는 것을 방지하기 위해서 최대 2년 이내로 제한하고 있습니다."

"파견직을 계속 사용할 수 있다면 정규직 같은 기간의 정함이 없는 근로자와 다를 게 없어서 기간의 제한은 필요할 것 같습니다. 과장님."

"서준 씨, 맞아요. 그래서 만 55세 이상의 고령자는 2년을 초과해서 파견을 할 수 있는데 기본적으로 최대 2년이라는 기간의 제한을 두고 있습니다. 이 기간을 위반하는 것 역시 불법파견인 것이고요."

"아, 그러면 결원이나 일시적인 사유가 발생했을 때에도 2년의 파견기간이 적용되는 것인가요?"

"서준 씨, 예리한 질문입니다. 하하. 출산이나 질병 등으로 결원이 발생했을 경우에는 그 사유가 해소될 때까지 파견을 할 수 있고요. 일시적 · 간헐적 사유인 경우에는 최대 6개월까지 파견을 할 수 있습니다. 이것 역시 제한을 두지 않게 되면 기간의 정함이 없이 계속 사용할 수 있어서 기간 제한을 둔다고 이해하시면 되겠습니다."

"결원사유가 해소될 때까지, 일시적 · 간헐적인 사유일 때에는 최대 6개월까지."

"네, 맞습니다."

(4) 근로자파견 관계위반

"다음, 불법파견 유형 네 번째는 바로 파견 관계위반입니다."

"강 과장님, 잠시만요. 앞서 말씀하신 업종위반, 허가위반, 기간 위반은 잘 알겠습니다. 파견법에서 정해진 규정을 지키지 않고 파견을 하게 되면 불법파견이 되는 것이니까요. 그런데 관계위반은 잘 이해가 되지 않습니다. 관계위반도 파견법상에 규정이 되어 있는 건가요?"

"음, 하나씩 설명해 드릴게요. 관계위반은 도급을 규정하고 있는 민법과 근로자파견을 규정하고 있는 파견법에서 따로 세부항목을 규정하고 있지는 않습니다. 다만, 도급과 파견의 3자 관계와 관련된 사항을 지키지 않게 되면 관계위반으로 불법파견이 되는 것입니다."

"3자 관계요?"

"네, 도급부터 설명해 드리겠습니다. 앞서 파견과 도급의 정의에서 설명해 드린 것처럼 도급은 서준 씨가 에어컨 제조 회사 사장일 때 마케팅을 잘하는 회사에 마케팅 부분만을 떼어준 후에 그 회사에서 서준 씨 에어컨의 마케팅을 위해서 직원을 채용하고 지휘감독하고 업무 지시하여서 에어컨 마케팅을 하는 것이라고 설명해 드렸었죠?"

"네, 기억납니다. 과장님, 제가 마케팅 회사 직원에게 업무 지시를 하면 안된다고 말씀하셨고요."

"네, 맞습니다. 도급관계에서 3자 관계는 도급인, 수급인, 수급인의 근로자로 구성됩니다. 도급인은 도급계약을 맺은 상대방, 즉 수급인이 어떤 일을 완성하면 일의 결과에 대해서 약정한 보수를 지급하는 사람이에요. 이와 같은 경우에는 서준 씨가 도급인이 됩니다. 에어컨 제조회사 사장으로서 에어컨 마케팅을 한 결과에 따라 보수를 지급하니까요."

"그러면 수급인은 에어컨 마케팅 회사인가요?"

"네, 서준 씨의 에어컨 회사로부터 에어컨 마케팅이라는 업무를 받아서 일을 수행한 후 그 결과에 대해서 서준 씨로부터 보수를 받게 됩니다. 이 에어컨 마케팅 업무를 위해서 그 회사에서는 직원을 채용하고 업무를 지시하고 지휘감독을 해서 일을 하게 되는 것이죠. 바로 이 직원들이 수급인의 근로자가 되는 것입니다. 이렇게 되면 그 직원과 에어컨 마케팅 회사는 근로계약관계가 형성되고 일을 한 직원에게 마케팅 회사는 그 대가로 임금을 지급하게 되는 것이죠."

"도급인은 제가 되고, 수급인은 에어컨 마케팅 회사, 수급인의 근로자는 에어컨 마케팅 회사에서 채용한 직원이 되는 것이군요. 그래서 3자 관계가 되는 것이고요."

"네, 맞습니다."

"그러면 과장님, 파견의 3자 관계는 어떻게 되는 건가요?"

"파견의 3자 관계는 도급과는 비슷한데 조금 다릅니다. 파견은 '사람은 보내드릴 테니 출퇴근, 업무시간, 업무는 알아서 시켜주세요.' 라는 계약이라고 설명해 드렸습니다. 사람을 보내주는 곳, 사람을 받는 곳, 보내는 사람이 3자 관계의 구성요소입니다. 사람을 보내주는 곳은 파견사업주, 사람을 받아서 그 사람을 사용하는 곳은 사용사업주, 보내는 사람은 파견근로자입니다."

"파견의 3자 관계는 파견사업주, 사용사업주, 파견근로자로 이루어지네요."

"네, 파견사업주와 사용사업주는 근로자파견 계약을 맺습니다. 어느 장소에 어떤 업무를 할 사람을 언제부터 언제까지 파견을 하겠다는 기본 계약인 것이죠. 파견사업주가 파견근로자를 채용한 후 근로계약을 맺은 후에 사용 사업주에게 보내게 됩니다. 사용사업주는 파견근로자를 파견받아서 자기의 사업에 업무지시와 지휘·명령을 하면서 사용하게 되고, 파견근로자는 사용사업주를 위해서 근로를 제공하게 됩니다. 파견사업주는 파견근로자가 자신을 위해서 근로를 제공한 대가를 파견수수료로 파견 사업주에게 지급을 합니다. 파견 사업주는 파견수수료에서 파견근로자에게 임금을 주게 되는 것이고요."

"아, 어렵습니다. 과장님, 도급은 심플한데 도급에 비해서 파견은 복잡하게 느껴져요."

"음, 조금 더 쉽게 설명해 드릴게요. 도급과 파견을 3자 관계 구성 요소를 매칭하면 이해가 보다 쉬울 거예요. 도급인은 사용사업주, 수급인은 파견사업주, 수급인의 근로자는 파견근로자에요. 여기서 서준 씨가 어렵다고 느껴지는 이유는 바로 근로계약, 업무지시 및 지휘·명령, 임금지급의 주체가 다르기 때문입니다. 도급에서는 수급 인과 수급인의 근로자 사이에서 근로계약, 근로제공, 업무지시 및 지휘·명령, 임금지급이 이루어진 반면, 파견에서는 근로 제공과 업무지시 및 지휘·명령은 사용사업주와 파견근로자 사이에서, 근로 계약과 임금지급은 파견사업주와 파견근로자 사이에서 이루어지게 됩니다."

"도급은 일의 완성이 목적이므로 수급인과 수급인의 근로자 사이 에서 근로계약부터 작업지시, 임금지급 등이 모두 이루어지는 반면에 파견은 고용은 파견사업주에게, 사용은 사용사업주에게로 분리되어 있다고 보면 되겠네요."

"쉽지 않은 내용인데 정확히 이해하셨어요. 서준 씨."

"과장님, 파견과 도급의 3자 관계는 어느 정도 이해가 됩니다. 여기에서 근로자파견의 관계위반은 어떻게 되어 불법파견이 되는 건가요?"

"근로자파견의 관계위반은 도급의 3자 관계가 깨질 때 발생하게 됩니다."

"도급의 3자 관계가 깨진다?"

1) 수급인 등의 실체가 없는 경우

"네, 도급의 3자 관계의 구성요소가 도급인, 수급인, 수급인의 근로자인 것은 앞서 설명해 드렸죠? 먼저, 수급인의 실체가 없는 경우에는 불법파견 문제가 발생할 수 있어요. 서준 씨, 혹시 '바지사장'이라고 들어봤지요?"

"네, 실제 권한이나 힘이 없는 허수아비 사장을 말하는 것 아닌가요? 실제 사장은 따로 있고."

"네, 맞습니다. 도급에서도 수급인 등의 협력업체에 사장이 있기는 한데, 회사로서의 실체성이 없을 때가 있어요. 예를 들면, 협력업체 직원 채용을 원청에서 한다든지, 협력업체 운영비용을 원청에서 지원해 준다든지, 사업을 운영하기 위한 전문성이나 기술성이 없다든지 등 회사 껍데기만 존재하고 실체가 없는 경우가 이에 해당됩니다."

"그렇게 되면 원청이 실제 사장이 되는 것이겠네요?"

"네. 도급에서는 수급인과 수급인의 근로자 간의 근로계약이 성립하는데, 이렇게 실체성이 없게 되면 원청과 수급인의 근로자 간에 바로 근로계약이 성립하게 되어서 도급이 아닌 불법파견이 되는 것입니다. 협력사의 실체성이 없는 경우는 불법파견이 국내에서 이슈화되었을 초기에 많이 발생한 형태입니다."

"수급인의 실체가 없는 경우 도급의 3자 관계가 깨지는 것은 이해했습니다. 과장님, 다른 형태가 또 있나요?"

2) 형식은 도급, 위임 등의 계약이나 실질은 근로자파견인 경우

"네. 도급의 3자 관계가 깨지는 다른 한 가지가 더 있는데 그것은 바로 형식은 도급의 형태를 띄고 있는데 실질은 파견인 경우입니다. 거의 대부분의 불법파견은 이런 형태라고 보시면 되겠습니다."

"형식은 도급인데 실질은 파견이다?"

"도급에서는 수급인과 수급인의 근로자 사이에서 근로계약부터 작업지시, 지휘 · 명령, 임금지급 등이 모두 일어난다고 말씀드렸죠?"

"네. 일의 완성이 주된 목적이므로 근로자는 수급인의 근로자 신분이라는 점은 인지하고 있습니다."

"여기서 작업지시와 지휘·명령을 도급인이 수급인의 근로자에게 할 때, 도급의 3자 관계는 깨지게 되고 불법파견이 되는 것입니다. 서준 씨가 에어컨 제조회사 사장인데 도급으로 맡긴 에어컨 마케팅 회사 직원한테 업무지시를 하면 불법파견이 발생하게 되는 것입니다."

"아, 이제 조금 이해가 될 것 같습니다. 에어컨 마케팅을 하기 위해서 마케팅 회사에서 채용한 직원은 에어컨 제조 회사의 직원이 아니라 마케팅 회사의 직원이니까 제가 업무지시를 하면 안 되는 것이군요."

"정확히 이해하셨어요. 서준 씨가 큰집 어른인데 마케팅을 작은집에 맡겼으면 작은집에서 죽이 되든 밥이 되든 알아서 해야 합니다. 서준 씨가 시어머니처럼 이래라저래라 시시콜콜 개입하면 바로 그것이 불법파견이 되는 것이죠. 도급으로 전문가에게 맡겼으면 그 수급인이 알아서 해야 하고, 도급업무의 결과에 따라서 평가하고 보수를 지급하면 되는 것입니다. 즉, 일의 과정상에서 하나하나 개입하면 도급이 아닌 파견이 되는 것이어서 불법파견이 되는 것입니다."

"원청에서 하청업체 직원한테 업무지시만 하면 불법파견이 되는 것인가요?"

"법원에서는 5가지의 판단기준을 제시하고 있어요. 판단기준별로 어떤 경우에 준법도급이 되고 어떤 경우에 불법파견이 되는지에 대해서는 다음 OJT 교육에 반영되어 있으니 그때 살펴보시면 되겠습니다."

"강 과장님! 명강의에 감동받았습니다. 하하. 파견과 도급이 무엇인지, 불법파견은 무엇이고 어떠한 유형이 있는지에 대해서는 대략적으로 이해가 됩니다. 물론 아직 제가 더 공부를 많이 해야 하겠지만요."

"박 사원은 신입사원이니까 모르는 게 당연합니다. 파견, 도급 이런 용어를 처음 들어 보셨을 것입니다. 하지만 이게 우리 팀의 주요업무인 준법도급 진단의 기본이니까 잘 아셔야 되고 또 개인적으로 공부가 필요할 것입니다. 관련되는 자료는 메일로 공유해 드렸으니 그것 보고 하나씩 공부하시면 됩니다."

"네, 그런데 궁금한 게 한 가지 있습니다."

"네, 말씀하세요."

"불법파견은 어떻게 해서 진행이 되는 건가요? 가만히 있는데 법원이 와서 '불법파견입니다.'라고 이야기는 하지 않을 테니까요. 어떻게 발생되고 진행이 되는지 또 어떤 기준으로 법원은 불법파견이다, 아니다를 판단하는지가 궁금합니다."

"우리 서준 씨가 이 분야에 많이 흥미를 느끼고 있는 것 같네요. 질문해 주신 부분은 다음 OJT에서 다룰 예정이니까 너무 서두르지 마시고요. 하하. 오늘 배운 것을 잘 복습하시면 이해하는데 도움이 될 것입니다. 그럼, 오늘 OJT는 이것으로 마치겠습니다. 수고하셨습니다."

"수고하셨습니다. 과장님."

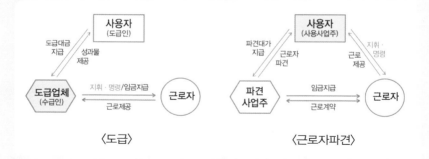

파견과 도급의 이해

송노무사의 실무특강

1. 파견과 도급의 정의

도급이란, 도급인의 특정한 업무에 대하여 수급인이 그의 근로자를 사용하여 그 업무의 완성을 약정하고 이에 대해 도급인이 수급인에게 보수를 지급할 것을 약정함으로써 성립하는 계약관계이다.[1] 파견이란, 파견사업주가 근로자를 고용한 후에 그 고용관계를 유지하면서 근로자파견 계약 내용에 따라 사용사업주의 지휘·명령을 받아 사용사업주를 위한 근로에 종사하게 하는 것이다.[2]

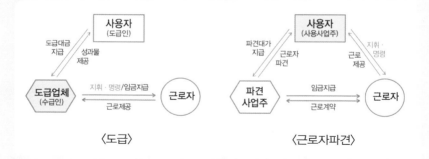

〈도급〉   〈근로자파견〉

도급과 파견을 비교할 때 유의할 점은 도급은 일의 완성이 주된 목적이고 근로자는 도급인이 아닌 수급인의 근로자 신분인 반면, 파견은 고용과 사용이 분리되고 근로제공이 주된 목적이며 근로자는 사용사업주가 아닌 파견사업주의 근로자 신분이라는 점이다.

---

1 민법 제664조(도급의 의의)
2 파견근로자 보호 등에 관한 법률(이하 '파견법') 제2조(정의) 제1호

2. 불법파견의 유형

파견법상 불법파견은 근로자파견의 업종위반, 허가위반, 기간위반, 관계위반 등 4가지 유형으로 구분할 수 있다.

(1) 근로자파견 업종위반

근로자파견은 허용업종에 한해서만 가능하고, 금지업종에서는 파견을 할 수 없다. 허용업종은 전문지식, 기술, 경험 또는 업무의 성질을 고려한 32개 업종에 한하여 가능하고, 파견법 제5조 제3항에서는 금지업종을 규정하고 있다. 허용업종이 아닌 업종에 근로자파견을 하거나 금지업종에 파견하는 경우 불법파견이 된다.

◤ 근로자파견 허용업종

한국표준 직업분류	대상 업무	한국표준 직업분류	대상 업무
317	사무 지원 종사자의 업무	120	컴퓨터 관련 전문가의 업무
318	도서, 우편 및 관련 사무 종사자의 업무	16	행정, 경영 및 재정 전문가의 업무
3213	수금 및 관련 사무 종사자의 업무	17131	특허 전문가의 업무
3222	전화교환 및 번호안내 사무 종사자의 업무	181	기록보관원, 사서 및 관련 전문가의 업무
323	고객 관련 사무 종사자의 업무	1822	번역가 및 통역가의 업무
411	개인보호 및 관련 종사자의 업무	183	창작 및 공연예술가의 업무
421	음식 조리 종사자의 업무	184	영화, 연극 및 방송 관련 전문가의 업무
432	여행안내 종사자의 업무	220	컴퓨터 관련 준전문가의 업무
51206	주유원의 업무	23219	기타 전기공학 기술공의 업무
51209	기타 소매업체 판매원의 업무	23221	통신 기술공의 업무
521	전화통신 판매 종사자의 업무	234	제도 기술 종사자, 캐드 포함의 업무
842	자동차 운전 종사자의 업무	235	광학 및 전자장비 기술 종사자의 업무
9112	건물 청소 종사자의 업무	252	정규 교육 이외 교육 준전문가의 업무
91221	수위 및 경비원의 업무	253	기타 교육 준전문가의 업무
91225	주차장 관리원의 업무	28	예술, 연예 및 경기 준전문가의 업무
913	배달, 운반 및 검침 관련 종사자의 업무	291	관리 준전문가의 업무

🔖 근로자파견 금지업종

1. 제조업 직접생산공정
2. 건설공사현장에서 이루어지는 업무
3. 근로자공급사업 허가를 받은 지역의 하역 업무
4. 선원 업무
5. 산업안전보건법상 유해하거나 위험한 업무
6. 분진작업 업무
7. 건강관리카드 발급대상 업무
8. 간호조무사 업무
9. 의료기사 업무
10. 여객자동차운송사업의 운전 업무
11. 화물자동차운송사업의 운전 업무
12. 공중위생 또는 공중도덕상 유해한 업무

한편 출산, 질병, 부상 등으로 결원이 생긴 경우 또는 일시적·간헐적으로 인력을 확보하여야 할 필요가 있는 경우에는 제조업 직접생산공정에 파견이 제한적으로 허용된다.[3] 일시적·간헐적 사유는 경기 영향, 계절적 요인, 주문량의 증가 등이 될 수 있다.

[고용차별개선과-2544(2012. 11. 12.)]

일시적·간헐적으로 인력을 확보할 필요가 있는 경우가 어떤 경우인지에 대하여는 파견법상 명문으로 규정하고 있지 않으나 통상적으로는 경기의 영향, 계절적 요인, 갑작스러운 주문의 증가 등으로 업무량이 폭증하여 인력을 적시에 확보하기 어려운 경우 등으로 보는 것이 적절할 것으로 사료됨.

---

3 파견법 제5조(근로자파견 대상 업무 등) 제2항

(2) 근로자파견 허가위반

근로자파견은 파견사업허가를 받은 자가 할 수 있다. 파견사업 허가를 받기 위해서는 ① 상시 5명 이상의 근로자(파견근로자 제외)를 사용하는 사업 또는 사업장으로서 4대 보험에 가입되어 있어야 하고, ② 1억 원 이상의 자본금이 있어야 하며, ③ 전용면적 20제곱미터 이상의 사무실을 갖추어야 하고, ④ 해당사업이 특정한 소속의 사용 사업주를 대상으로 근로자파견을 하는 것이 아니어야 한다.[4] 근로자 파견 사업 허가유효기간은 3년이고 유효기간 종료 전에 갱신허가를 받아야 한다.[5] 적법한 파견사업허가가 아닌 경우에 불법파견이 된다.

(3) 근로자파견 기간위반

근로자파견은 최대 2년 이내이다. 파견근로자, 사용사업주, 파견 사업주의 3자 합의에 의해 결정된다.[6] 단, 만 55세 이상 고령자의 경우에는 2년을 초과해서 연장이 가능하다.[7] 근로자파견의 제한적 허용일 경우에는 출산, 질병, 부상 등 그 사유가 객관적으로 명백한 경우에는 해당 사유의 해소에 필요한 기간만큼 파견이 가능하고 일시적·간헐적으로 인력을 확보할 필요가 있는 경우에는 최대 6개월 (3개월 + 3개월, 3자 합의) 이내로 파견이 가능하다.[8] 이 기간을 위반할 경우 불법파견이 된다.

---

4 파견법 제9조(허가의 기준)
5 파견법 제10조(허가의 유효기간 등)
6 파견법 제6조(파견기간) 제1항
7 파견법 제6조(파견기간) 제3항
8 파견법 제6조(파견기간) 제4항

(4) 근로자파견 관계위반

1) 수급인 등의 실체가 없는 경우

이것이 바로 위장도급이다. 최근 법원의 불법파견 판결에서는 위장도급의 형태는 거의 없고, 과거 불법파견이 처음 이슈화되었을 때 많이 볼 수 있는 형태였다. 협력사에 채용·해고 등의 결정권한이 없는 경우, 사업에 필요한 소요자금의 조달과 지급의 책임이 없는 경우, 4대 보험 등 법령상 사업주의 책임이 없는 경우, 사업을 위한 기계, 설비 등에 대해 자기부담이 없고 전문적 기술, 경험, 기획책임 권한이 없을 때 ① 협력업체 등 수급인이 회사로서 실체가 없는 것으로 판단된다. 이와 같은 위장도급은 ② 원청 등의 도급인과 근로자는 직접적 고용관계 및 지휘·명령관계가 형성된다. 즉, 도급인과 수급인의 근로자 간에 묵시적 근로계약관계가 성립이 되어 파견이 아닌 관계, 즉 불법파견이 되는 것이다.

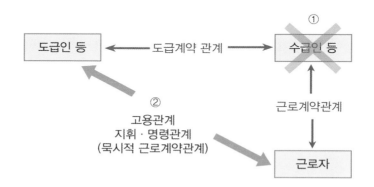

2) 형식은 도급, 위임 등의 계약이나 실질은 근로자파견인 경우

계약형식은 도급형태를 띄고 있다. 협력업체 등 수급인의 실체성이 인정되고 원청 등 도급인과도 도급계약을 맺고 있으며 협력업체 근로자와도 고용관계가 형성되어 있다. 그러나 원청에서 하청업체 소속 근로자에게 상당한 지휘·명령을 하는 경우, 원청 등의 사업에 협력업체가 실질적으로 편입되는 경우, 인사노무 결정과 관리 권한을 원청에서 행사하는 경우, 도급 등의 계약목적을 확정할 수 있게 업무가 구별되지 않는 경우, 협력업체가 독립적인 조직이나 설비 등을 보유하지 않은 경우에는 ① 원청과 협력업체의 근로자 사이에 지휘·명령 관계가 형성되어 불법파견이 된다.

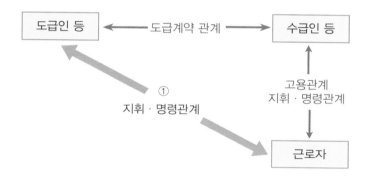

2
Solution

불법파견은 어떻게
발생하는 걸까?

굿바이 불법파견
헬로우 준법도급

사내노무사인 기업 현직 팀장이 직접 쓴
불법파견 리스크 예방을 위한 7가지 솔루션

2 Solution
불법파견은 어떻게 발생하는 걸까?

　오전 7시. 송 팀장은 8시부터 업무 시작이지만 1시간 일찍 출근해서 뉴스를 검색하는 것으로 하루를 시작한다. 구글 뉴스알리미에 인사노무와 관련된 주요 키워드를 설정해서 회사 메일로 매일 오전 7시에 받아보고 있다. 업계와 관련된 대외 노동동향을 쉽게 접하고 확인하기 위해서 입사 때부터 해오고 있다.

　A사 사내하청은 불법파견……. 하청노조, A사를 상대로 민사소송과 함께 노동부에 고소

P사의 대법원 불법파견 확정판결로 산업계가 다시 한번 불법파견 이슈로 뜨거워지고 있는 모양새다. P사와 동종업계에 속해 있는 A사의 사내하청노조가 A사를 상대로 법원에 근로자지위확인소송을 제기함과 동시에 고용노동부 관할지청에 불법파견과 관련하여 고소를 한 것이다. 송 팀장의 예상보다 빠르게 산업계 전반으로 불법파견 이슈가 퍼지고 있었다. 업계에 불법파견 등의 도급이슈가 생긴 이후부터 (주)명송전자는 상생협력팀을 신설하여 전사 현장진단을 통해 개선 과제를 도출하고 개선하는 활동을 해오고 있다. 하지만, 최근 법원에 소송제기와 함께 노동부 진정도 많이 되고 있어 지금 전사 진단과 개선활동은 제대로 되고 있는지, 우리한테도 소송과 진정이 들어오는 것이 아닌가라는 걱정이 송 팀장의 머리를 짓누르고 있었다.

"안녕하십니까, 팀장님!"

7시가 좀 넘은 이른 시간에 윤 차장이 출근했다. 윤 차장은 입사한지 1년도 되지 않은 경력사원이다. 이전에 같이 근무했던 팀원이 다른 부서로 전출을 가면서 채용했다. 이전 직장에서 준법도급 관련 업무는 하지 않았지만 10년간 인사노무 부서에 근무한 경력이 있어 쉽게 회사에 적응하고 있다. 특히 집과 회사가 걸어서 15분밖에 걸리지 않아서 워라밸에 있어서는 매우 만족하고 있다. 조용한 성격이어서 적응을 잘할 수 있을까라고 걱정이 되긴 했지만, 팀장과 팀원의 중간 허리 역할을 잘 해내고 있어서 송 팀장도 나름 만족하고 있다.

"팀장님, 회사 출근하면서 뉴스를 봤는데요. A사에서 근지위소송과 함께 노동부에 고소를 했더라고요."

"윤 차장, 안 그래도 지금 그 뉴스 보고 있는데 A사뿐만 아니라 다른 업계에서도 올 초부터 원청을 상대로 근로자지위확인소송과 노동부 진정이 꾸준히 제기되고 있네요. 산업계가 다시 한번 불법파견 이슈로 점점 뜨거워지고 있는 것 같습니다. 참, A사에 이전 직장에서 같이 근무했던 동료가 있다고 했죠? 이 건이 어떻게 진행이 된 건지, 앞으로 어떻게 할 예정인지 한번 연락해서 알아봅시다. 아, 그리고 어제 P사 대법 판결 관련해서 판결문 확보해서 관련 내용 검토해서 보고해 주시고요."

"네, 알겠습니다. 팀장님."

"이 대리, 잠시만요."

"네, 팀장님."

이 대리는 공인노무사로 (주)명송전자 공채 출신이다. 상생협력팀에서만 8년째 근무 중이다. 조직에 대한 로열티가 높고, 현재 조직 내에서 핵심인재로 인정받고 있으며 내년에는 과장 진급을 앞두고 있다. 보기와는 다르게 내성적이기는 하나 솔선수범으로 고참 선배들과 후배 사원들의 연결고리 역할도 제법 잘하고 있어서 송 팀장 역시 만족도가 높다.

"부르셨습니까? 팀장님."

이 대리는 다이어리를 펼치면서 송 팀장 자리 옆 보조의자에 앉았다.

"이 대리, A사 소송 제기하고 노동부에 고소한 뉴스 봤죠?"

"네, 출근길 지하철에서 모바일로 대충 봤는데, 안 그래도 지금 PC로 보고 있는 중입니다."

"그래요. 서준 씨 업무 OJT 계속 진행 중이죠?"

"네, 지난주에 보고드린 대로 진행하고 있고 매일 OJT한 내용은 이메일로 팀장님께 결과 보고드리고 있습니다."

"서준 씨가 신입이다 보니 아직 불법파견, 준법도급에 대해서 좀 이해하기 쉽지 않을 거예요. 오늘 나온 뉴스를 가지고 어떻게 해서 불법파견이 발생되는지 그리고 법원이나 노동부는 어떤 기준을 가지고 판단하는지에 대해서 가르쳐 주면 좀 쉽게 이해하지 않을까 해서요."

"방금 팀장님께서 말씀하신 내용이 금일 OJT 교육내용으로 반영되어 있습니다. 제가 오후에 관련 내용에 대해 서준 씨한테 잘 교육하도록 하겠습니다."

13시. 상생협력팀 회의실

"서준 씨, 식사는 맛있게 하셨어요? 요즘 계속 OJT 교육받는다고 힘드시죠?"

"아닙니다. 오전에는 선배님들께서 회의에, 보고에 많이 바쁘신 것 같더라고요. 저도 어제 배운 내용을 오전에 천천히 다시 한번 볼 수 있어서 좋았습니다. 오전보다 오후에 교육받으면 좀 졸리기도 한데 괜찮습니다."

"입사 전에는 한 번도 보지 못한 내용들이어서 다소 어려울 수도 있는데, 우리 팀의 핵심 업무이다 보니까 이 부분은 어떻게든 이해하셔야 되고 서준 씨가 스스로 업무를 할 수 있게 공부를 좀 하셔야 됩니다. 하다가 모르는 것 있으면 저나 다른 팀 선배들에게 꼭 물어보시고요."

"네, 알겠습니다. 대리님."

"그러면 오늘 OJT 시작하겠습니다. 참, 지난번 교육 때 서준 씨가 강 과장님께 불법파견은 어떻게 발생되는지 그리고 불법파견인지 아닌지 판단하는 기준이 뭐냐고 질문했다고 하던데."

"네, 파견과 도급의 개념에 대해서는 이해를 했는데 법원에서 불법파견으로 판결을 했다, 노동부에서 불법파견 현장점검을 나왔다 등등의 관련 뉴스를 봤을 때 어떻게 시작이 발생되는지에 대해서 궁금했습니다."

"신입치고는 진도가 꽤 빠른데요? 하하. 좋습니다. 그러면 오늘은 도급 이슈가 어떻게 시작되고 또 법원과 노동부에서는 어떤 기준으로 판단을 하는지에 대해서 알아보겠습니다."

"네, 대리님. 궁금해서 질문드렸던 내용이어서 더 흥미가 생깁니다. 수업 열심히 듣겠습니다!"

 ## 불법파견 발생 형태

"불법파견은 크게 보면 2가지 형태로 발생하게 됩니다. 근로자 개인이나 노동조합이 노동부에 진정 또는 고소 · 고발을 하는 경우와 법원에 근로자지위확인소송을 제기하는 경우입니다."

"진정? 고소 · 고발? 소송?"

"서준 씨, 용어가 많이 어렵죠? 하나씩 쉽게 설명해 드릴게요. 우선 진정과 고소 · 고발은 노동부에 신고하는 것이고, 근로자지위확인소송은 법원에 제기하는 것으로 구분이 됩니다. 먼저, 진정이라는 단어를 들어보신 적이 있나요?"

"네, 어떤 단체가 무슨 불만이 있어서 기관에 진정을 제기했다고 뉴스에서 본 적이 있습니다."

"네, 맞아요. 그것을 진정이라고 합니다. 진정은 어떤 개인이나 단체가 법 위반사항을 관계 기관에게 알리고, 그 시정을 요구하는 것을 말합니다. 불법파견과 관련된 진정은 근로자나 노동조합이 파견법 등 노동관계법령상의 불법파견과 관련된 위반사항을 노동부에게 알리고 시정을 요구하는 것입니다. 고소와 고발은 평소에 많이 들어보셨죠? 누구와 다툼이 있을 때 '내가 너 경찰에 고소할꺼야! 고발할거야!' 이런 이야기들."

"네, 많이 들어봤습니다."

"노동관계법령과 관련된 고소와 고발은 범죄의 피해자가 범죄 사실을 지방노동청에 신고하여 그와 관련된 수사를 하고 범인의 기소를 요구하는 행위예요. 고소는 피해 당사자가 신고하는 경우이고 고발은 피해자가 아닌 제3자가 신고하는 경우라고 이해하시면 되겠습니다."

"그러면 이 대리님, 진정과 고소·고발은 같은 것 아닌가요? 신고해서 수사를 해달라고 하는 것이니까요."

"서준 씨, 좋은 질문입니다. 진정과 고소·고발은 신고해서 수사를 요청하는 면에서는 비슷하지만, 진정은 피해에 대한 권리구제가 우선이나 고소·고발은 피해에 대한 처벌을 우선으로 하는 점에서 차이가 있습니다."

"진정은 권리구제를, 고소 · 고발은 피해에 대한 처벌을 우선으로 한다?"

"네, 맞아요. 이 밖에도 근로자지위확인소송을 법원에 제기하면서 불법파견이 발생되기도 합니다."

"근로자소송이요?"

"하하. 용어가 좀 어렵죠? 근로자지위확인소송은 근로자의 지위, 즉 근로자가 원청의 근로자냐 협력업체의 근로자냐라는 것을 민사소송을 통해서 법원으로부터 판단을 받는 것이기 때문에 근로자지위확인소송이라고 합니다."

"아, 이제는 조금 정리가 됩니다. 노동부에 진정이나 고소 · 고발을 하거나 법원에 근로자지위확인소송을 제기했을 때 불법파견은 시작이 되는 것이군요. 그러면 대리님, 이렇게 노동부나 법원에 접수가 되면 어떤 절차로 처리가 되나요?"

2 불법파견 처리절차

"네, 서준 씨. 노동부에 진정이나 고소 · 고발을 접수하게 되면 다음과 같은 절차에 따라 처리가 됩니다. 정리한 자료가 있으니 한번 읽어 보시죠."

▨ 진정/고소·고발 처리절차

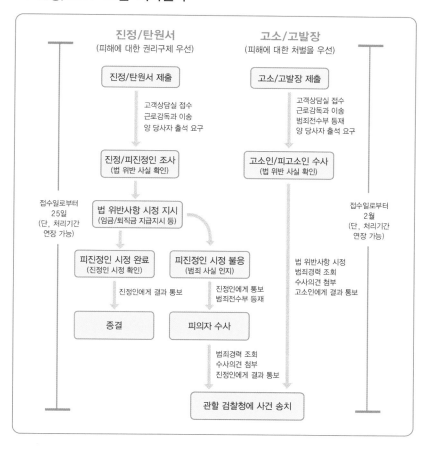

"그러면 대리님, 법원에서 근로자지위확인소송은 어떤 절차로 진행이 되나요?"

"근로자지위확인소송은 민사소송 절차를 밟게 됩니다. 원고가 소장을 제출하게 되면 법원의 사무관이 소장을 심사한 후 피고에게 송달을 합니다. 피고의 답변서가 제출되면 재판장은 기록을 검토하고 사건을 분류해서 변론 기일, 준비절차와 조정절차를 거치게 됩니다. 조정절차까지 거쳤음에도 불구하고 성립하지 않는 경우에는 집중 증거조사 기일을 거쳐 판결을 하게 됩니다."

"어렵습니다. 대리님."

"네, 소송과 관련되어서는 업무하다가 하나씩 배우시면 됩니다. 지금부터 전부 다 이해하려고 하시면 무리니까 근로자지위확인 소송은 민사소송 절차를 밟는다 정도만 알고 계시면 되겠습니다."

"네, 알겠습니다."

 ## 불법파견 처리 결과

"그러면 대리님, 불법파견과 관련해서 진정이나 고소·고발, 법원에 소송을 해서 불법파견으로 판단되면 어떻게 처리가 되나요?"

"진정사건의 경우 파견법 위반이 발견되면 노동부가 원청에게 협력사 근로자들을 직접 고용하라고 시정지시를 내리게 됩니다. 고용명령을 이행하지 않을 경우에는 1인당 3천만 원 이하의 과태료를 부과할 수 있습니다. 최근에 제철업계 모기업에서 노동부의 시정명령을 따르지 않아 120억 원의 과태료가 부과되기도 했습니다. 고소·고발의 경우 조사·심문을 거친 후에 검찰로 사건을 송치하게 되면, 이후에는 형사소송절차를 거치게 됩니다. 파견법 위반으로 판결 시에는 3년 이하의 징역 또는 3천만 원 이하의 벌금을 받게 될 수 있습니다. 근로자지위확인소송에서 재판부가 파견법을 위반했다고 판단할 경우에는 원청 소속의 근로자라는 지위확인과 함께 청구 취지에 따라 임금차액 지급과 함께 고용의무이행을 명할 수 있습니다. 서준 씨!"

"네, 대리님."

"불법파견이 어떻게 발생되고 어떤 절차로 처리되며 결과는 어떻게 되는지에 대해서 설명을 드렸는데, 좀 이해가 되시나요?"

"설명하실 때에는 이해가 되었는데, 지금 막상 이야기하려고 하니 생각이 나질 않습니다. 공부를 좀 해야 할 것 같습니다."

"네, 서준 씨. 처음 접하는 내용이다 보니 잘 모르는 게 당연합니다. 기억하실 것은 불법파견은 진정, 고소 · 고발, 소송으로 시작이 되고 각각의 절차에 따라 진행이 되고 결과가 나온다고 이해하면 되겠습니다. 관련해서 궁금한 것이 있을 때에는 지금 보시는 자료를 찾아보시면 됩니다."

"네, 알겠습니다. 대리님."

불법파견 판단절차 및 판단기준

(1) 불법파견 판단절차

"그러면 서준 씨, 노동부나 법원에서 불법파견을 어떤 기준으로 어떻게 판단하는지에 대해서 설명해 드릴게요. 이 내용은 앞으로 우리 팀의 중요한 업무인 준법도급 진단을 하기 위해서 기본적으로 알아 두어야 할 내용으로, 이해를 꼭 하셔야 되니 잘 들어 주시고요."

"네, 알겠습니다. 대리님"

"먼저, 불법파견 판단절차는 지난 OJT 교육 때 강 과장님이 설명하신 부분입니다."

"어떤 부분이죠? 배운 기억이 없는데."

"하하. 불법파견의 유형 중에 관계위반이라고 있었죠?"

"네. 도급의 3자 관계가 깨질 때 불법파견이 된다고 설명해 주셨습니다."

"네, 그것이 바로 불법파견 판단절차입니다. 먼저, 하청업체 등의 수급인이 실체가 있는지를 판단하고 수급인이 실체가 없는 경우에는 원청과 협력업체 근로자 사이에 묵시적 근로계약이 성립되어 도급이 아닌 파견으로 불법파견이 된다고 배우셨을 겁니다."

"네, 기억납니다. 협력업체가 바지사장인 경우에는 원청과 묵시적으로 근로계약이 형성된다고."

"네, 맞아요. 하청 등의 수급인의 실체가 있는 경우에는 그 다음으로 근로자파견인지 아닌지를 판단하게 됩니다."

"그러면 대리님, 불법파견은 처음에 협력업체 등의 수급인이 실체가 있는지 없는지를 본 후에 없다면 바로 묵시적 근로계약관계로 불법파견이 되는 것이고, 실체가 있는 경우에는 근로자파견인지 아닌지를 보는 것이네요?"

"네, 그런 절차로 불법파견 판단이 이루어지게 됩니다."

(2) 불법파견 판단기준

"그러면 하청 등 수급인의 실체성이 있는지 없는지, 근로자파견에 해당이 되는지 안되는지에 대한 판단기준은 어떻게 되나요?"

1) 하청 등 수급인의 실체성 판단기준

" '19년 말에 고용노동부에서는 근로자파견에 관한 판단 지침을 대법원 판례를 반영해서 개정했습니다. 이 기준에 따라서 노동부와 법원은 근로자파견에 대해서 판단하고 있다고 보시면 됩니다. 먼저, 수급인의 실체성 판단기준은 총 5가지가 있습니다. ① 채용·해고 등의 결정권, ② 소요 자금 조달 및 지급에 대한 책임, ③ 법령상 사업주로서의 책임, ④ 기계, 설비, 기자재의 자기 책임과 부담, ⑤ 전문적 기술·경험과 관련된 기획책임과 권한입니다. 그럼 각각의 기준에 대해서 설명해 드릴게요."

① 채용·해고 등의 결정권

"서준 씨, 채용·해고 등의 결정권은 어떤 내용일 것 같아요?"

"채용과 해고를 누가 결정하느냐에 관한 내용인 것 같습니다. 채용과 해고를 협력업체에서 해야지 원청에서 한다면 협력업체가 실체성이 없는 것으로 판단할 수 있을 것 같습니다."

"네, 맞습니다. 채용·해고뿐만 아니라 배치, 승진, 평가, 징계, 근로시간, 휴가, 조퇴, 교육훈련 등 인사노무와 관련된 모든 사항을 하청이 하는지 원청이 하는지를 확인하게 됩니다. 이는 채용 면접표, 취업규칙, 근로계약서, 인사 관련 서류를 통해서 확인할 수 있고요."

"아, 그렇군요. 알겠습니다. 대리님."

② 소요자금 조달 및 지급에 대한 책임

"두 번째 기준은 소요자금 조달 및 지급에 대한 책임입니다."

"소요자금 조달 및 지급 책임이요? 무슨 의미인지 모르겠습니다. 대리님."

"협력업체가 원청으로부터 도급업무를 받아서 그 사업을 하는데 필요한 자금을 조달하고 그것을 지급하는 책임이 하청 등의 협력업체에 있는지를 확인하는 것입니다."

"어떤 방법으로 확인을 할 수 있나요?"

"여러 가지 방법이 있어요. 사업체를 설립할 때 비용을 어떻게 조달했는지, 주식회사인 경우에 주식에 대해 출자하는 돈인 주금(株金)을 어떻게 마련했는지, 사무실 임대비용 등 기타 운영비용은 어떻게 마련하는지에 대해서 확인하게 됩니다. 이런 자금에 대해서 협력업체가 스스로 마련을 했다면 실체성이 있는 것으로 판단하는 거고요."

"도급업무를 위한 사업체 운영에 필요한 자금을 협력업체가 독자적으로 마련하는지에 대해서 확인하는 것이네요."

"네, 맞습니다. 서준 씨."

③ 법령상 사업주로서의 책임

"세 번째 기준은 법령상 사업주로서의 책임입니다. 근로 기준법뿐만 아니라 각종 법령에 사업주로서의 의무가 정해져 있습니다. 각종 세금, 공과금 납부, 임금지급, 근로소득세 원천징수, 연말정산, 4대 보험 가입 등 관련 법령상 사업주로서의 책임을 협력사가 지는지에 대해서 확인을 하는 것입니다."

"사업을 하기 위해서는 당연히 법령상 사업주로서의 의무를 다 해야 하는 것 아닌가요?"

"네, 맞습니다. 불법파견이 이슈가 되었을 초창기에는 이런 법령상 사업주 책임도 지지 않는 하청업체들이 있었고, 그래서 수급인의 실체성이 부정되어서 원청과 묵시적인 근로계약이 성립되는 근거가 되기도 했습니다."

④ 기계, 설비, 기자재의 자기 책임과 부담

"네 번째 기준은 기계, 설비, 기자재의 자기 책임과 부담입니다."

"대리님, 이것은 도급업무를 수행할 때 필요한 각종 기계와 설비, 기자재에 대해서 협력업체에서 자기가 부담을 하는지에 대한 기준인 것 같은데요?"

"네, 맞아요. 독자적으로 기계 등을 소유하거나 유상으로 임차해서 도급업무를 수행해야지 협력업체의 실체성이 있다고 보고 있습니다. 원청으로부터 무상으로 사용한다면 실체성이 없다고 보고 있습니다."

"공짜로 사업에 필요한 기계, 설비 등을 사용한다면 아무래도 실체성이 없는 껍데기뿐인 회사로 볼 수밖에 없을 것 같습니다."

"서준 씨가 관련해서 이해도가 점점 높아지는 것 같네요. 좋습니다. 이어서 다섯 번째 기준에 대해 설명해 드릴게요."

⑤ 전문적 기술·경험과 관련된 기획책임과 권한

"다섯 번째 기준은 전문적 기술·경험과 관련된 기획책임과 권한입니다. 도급업무를 수행하기 위해서는 전문적인 기술과 경험이 필요합니다. 원청에 그런 기술과 경험이 없어서 하청업체에 도급을 주는 것이기 때문이죠. 이것과 함께 협력업체 스스로가 사업을 기획하고 경영상 의사 결정권을 행사하는지를 확인합니다. 그러한 것들이 협력업체에게 있다면 실체성이 있다고 판단하는데 기획 관련 서류, 사업계획서, 업무관련 자격증 등을 통해서 확인할 수 있고요."

"전문적인 기술과 경험이 없으면 도급을 줄 수 없는 것인가요?"

"도급은 줄 수 있어요. 하지만 협력업체에 전문적인 기술과 경험이 없다면 원청에서 도급업무 수행과정에서 개입할 여지가 많거든요. 이렇게 되면 재판부에서는 일의 완성에 따라 대가를 지급하는 진짜 도급이 아니라 파견으로 볼 가능성이 높아요. 그래서 협력업체에 전문적인 기술과 경험 그리고 관련된 사업기획력과 권한이 있어야 합니다."

"네, 대리님. 잘 알겠습니다. 협력업체의 실체성에 대한 기준 5가지에 대해서는 다시 한번 보면 잘 정리할 수 있을 것 같습니다."

2) 근로자파견 여부 판단기준

"네, 복습하면서 다시 한번 정리해 보시고요. 서준 씨, 하청업체 등 수급인의 실체성 여부를 검토하고 난 후에 실체성이 있는 경우 다음은 무엇을 확인한다고 했죠?"

"근로자파견인지를 본다고 하셨습니다."

"네, 맞습니다. 다음으로는 근로자파견인지 아닌지를 판단하게 됩니다. 형태는 도급계약으로 이루어졌는데 실제는 근로자파견처럼 이루어진다면 바로 불법파견이 되는 것입니다."

"판단기준은 어떻게 되나요?"

"근로자파견 판단기준은 5가지입니다. 이 판단기준은 최근 대법원 판례에서 제시된 것인데요. 그 기준은 ① 업무상 상당한 지휘·명령을 하였는지 여부, ② 원청 등 도급인의 사업에의 실질적 편입 여부, ③ 인사노무 관련 결정·관리 권한 행사 여부, ④ 계약목적 확정, 업무의 구별, 전문성·기술성 보유 여부, ⑤ 계약목적 달성을 위해 필요한 기업 조직·설비 등의 보유 여부입니다."

① 업무상 상당한 지휘·명령을 하였는지 여부

"근로자파견인지 판단하는 기준 첫 번째는 업무상 상당한 지휘·명령을 하는지 여부입니다. 원청에서 협력업체 근로자에게 업무 수행과 관련된 구체적인 사항, 즉 작업 배치 변경 및 결정, 작업량,

작업방법, 작업순서, 작업속도 등에 관한 지시를 하게 되면 도급이 아닌 파견으로 판단하게 됩니다."

"도급업무는 협력업체에서 수행하는 것이기 때문에 원청에서 도급업무와 관련되어 작업지시를 하면 안되는 거네요? 그렇게 되면 도급이 아닌 파견이 되니까요."

"서준 씨, 맞습니다. 도급업무 수행과 관련된 일체의 작업지시는 원청에서 협력업체 근로자에게 할 수 없어요. 협력업체에서 직접 작업지시와 지휘·명령을 해야 합니다."

② 원청 등 도급인의 사업에의 실질적 편입 여부

"두 번째 기준은 원청 등 도급인의 사업에의 실질적 편입 여부입니다."

"실질적 편입 여부요? 너무 어렵습니다. 대리님, 무슨 말인지 모르겠습니다."

"하하. 네, 서준 씨. 낯선 용어일 텐데요. 쉽게 설명해 드릴게요. 협력업체 근로자가 원청 사업으로 실질적으로 편입이 되는 경우에는 불법파견으로 판단하고 있습니다."

"어떤 경우에 실질적으로 편입이 된다고 보는 건가요?"

"예를 들어서 협력업체 근로자가 원청 근로자와 한 조가 되어 작업을 하면 협력업체 근로자가 원청 사업으로 실질적으로 편입이 된다고 봅니다."

"아, 원청 직원과 같이 한 조로 일하면 그 업무가 원청과 관련된 업무를 수행하는 것이기 때문에 원청 사업으로 편입이 되는 것이라고 보는 거네요?"

"네, 맞아요. 협력업체 근로자는 원청으로부터 도급받은 업무를 해야 하고, 원청은 원청 담당업무를 해야 하는데 같이 한 조를 이루어서 원청 업무를 하게 되면 원청 사업으로 편입이 되는 것이고 또 이렇게 되면 불법파견으로 보는 것이죠."

"이해했습니다. 대리님, 또 다른 예가 있을까요?"

"또 다른 예로는 원청의 근로자가 휴가, 교육 등으로 결원이 발생하였을 때 협력업체 직원으로 대체가 될 때에도 원청 사업으로 실질적으로 편입이 되는 것으로 보고 있습니다."

"그럴 것 같습니다. 인원이 없어서 협력업체 직원이 원청 직원의 일을 대신하게 된다면 결국은 원청 업무를 하게 되는 것이니까요."

"네, 서준 씨. 정확하게 이해하셨습니다."

③ 인사노무 관련 결정·관리 권한 행사 여부

"근로자파견 판단기준 세 번째는 인사노무 관련 결정·관리 권한의 행사 여부입니다. 협력업체 근로자의 채용부터 퇴직까지 모든 인사노무와 관련된 사항의 결정권과 관리 권한을 협력업체가 독자적으로 행사하는지를 확인합니다. 만약 그렇지 못할 경우에는 도급이 아닌 파견으로 보아 불법파견으로 판단되는 것이고요."

"대리님, 이것은 수급인의 실체성 판단기준인 채용·해고 등의 결정권과 같은 것 아닌가요?"

"인사노무와 관련된 권한을 독자적으로 행사하는지 여부는 실체성을 판단하는 기준으로도 사용되고 근로자파견을 판단하는 기준으로도 사용된다고 보시면 되겠습니다. 협력업체가 도급업무를 수행하는데 작업배치권이라든지 작업방법, 작업순서, 작업속도 등을 원청에서 결정하게 되면 도급이 아닌 파견으로 볼 수 있기 때문에 두 분야 모두에서 판단기준으로 사용되고 있습니다."

"그만큼 중요한 판단기준인 것이네요."

④ 계약목적 확정, 업무의 구별, 전문성·기술성 보유 여부

"네, 맞습니다. 네 번째 판단기준은 계약목적 달성을 위해 필요한 기업조직·설비 등의 보유 여부입니다. 협력업체 근로자가 수행할 업무의 내용과 범위, 기한이 구체적으로 확정되어 있는지, 원청 근로자와 업무는 구별이 되는지, 그 업무를 수행할 전문성과 기술성은

가지고 있는지를 확인합니다."

"협력업체 업무가 구체적으로 정해져 있지 않으면 원청의 개입이 그만큼 많아지게 되어서 도급으로 보기 어렵기 때문인거죠?"

"네, 맞아요. 도급은 협력업체에 일을 맡기고 그 결과에 따라서 대가를 지급하는 것인데, 도급업무를 할 때마다 원청이 시어머니처럼 이래라저래라 계속 개입하게 되면 도급이 아닌 파견으로 볼 가능성이 높습니다. 그렇기 때문에 사전에 업무의 내용과 범위는 확정되어 있어야 하고요."

"그러면 당연히 원청 업무와 협력업체 업무는 구별이 되어야 하겠네요? 그렇지 않으면 역시 원청에서 도급업무 수행에 계속 개입하게 될 수밖에 없으니까요."

"맞아요. 서준 씨, 그렇기 때문에 협력업체는 도급업무를 수행할 수 있는 전문성과 기술성을 보유해야 합니다. 그래야지 도급의 본래 취지에 맞게 일을 맡아서 독자적으로 협력업체에서 수행할 수 있기 때문이죠. 이래야지만 파견이 아닌 진짜 도급으로 판단받을 수 있고요."

"어떤 의미인지 알 것 같습니다."

⑤ 계약목적 달성을 위해 필요한 기업조직·설비 등의 보유 여부

"마지막으로 다섯 번째 기준에 대해서 설명해 드릴게요. 다섯 번째 기준은 계약목적 달성을 위해 필요한 기업조직·설비 보유 여부입니다. 협력업체가 도급계약 당사자로서 도급업무를 수행하기 위해서는 기업의 조직이 필요해요. 현장 작업자를 관리하는 소장, 반장 등과 같은 직원들도 필요하고 생산팀, 기획팀과 같은 부서가 필요하죠. 그런 것들이 협력업체에 있어야지만 파견이 아닌 도급으로 보고 있습니다."

"설비는 어떤 것을 말하는 건가요?"

"원청으로부터 받은 도급업무를 하기 위해서는 각종 기계, 설비 등이 필요할 것입니다. 그것을 협력업체가 소유하거나 유상으로 빌려 쓰면서 도급업무를 수행해야지만 진정한 도급으로 판단받을 수 있는데, 설비 자체가 없거나 원청 설비를 무상으로 빌려 쓰게 되면 부정적인 징표로 판단되어 불법파견으로 판단받게 됩니다."

"그렇군요, 알겠습니다. 대리님."

"서준 씨, 지금까지 불법파견 판단기준에 대해서 수급인의 실체성 여부에 관한 판단기준 5가지와 근로자파견 여부에 대한 판단기준 5가지에 대해서 살펴보았는데요. 말씀드릴 중요한 게 남았습니다."

"그게 무엇인가요?"

"이 판단기준 중 몇 개 이상을 충족해야 준법도급이고, 몇 개 이하면 불법파견인지 정해져 있지 않다는 점이에요. 각각의 사실관계가 복잡하고 다르기 때문에 그 판단기준을 토대로 객관적이고 종합적으로 판단하여 불법파견인지 준법도급인지가 결정된다는 것입니다. 이 점은 꼭 기억하셔야 합니다. 어떤 기준에서는 불법파견에 해당되고 다른 기준은 준법도급으로 판단되었을 때 결론적으로는 준법도급으로 판단될 수 있으니까요. 그래서 우리는 준법도급 진단을 할 때 판단기준 전체를 준수하게끔 만들면 가장 좋겠지만, 현실적으로 불가능하니까 최소 100 중에 51 이상을 준법도급에 맞게 진단하고 개선해야 한다는 점을 꼭 유념하셔야 합니다."

"100 : 0은 불가능하니까 최소 51 : 49로 준법도급에 맞게 판단 기준을 지켜야 한다는 말씀이시죠?"

"네. 정확히 이해하셨어요. 오늘 어려운 내용인데 서준 씨가 잘 이해한 것 같아서 뿌듯하네요. 오늘 OJT 교육은 이것으로 마치겠습니다. 장시간 동안 교육받느라 수고 많았습니다. 서준 씨."

"대리님도 수고 많으셨습니다. 고맙습니다. 대리님."

불법파견 발생 형태, 판단절차 및 기준

1. 불법파견 발생 형태

불법파견은 크게 2가지 형태로 발생된다. 근로자 개인이나 노동조합이 노동부에 불법파견 진정, 고소·고발을 하는 경우와 법원에 근로자지위확인소송을 제기하는 경우이다.

(1) 고용노동부에 불법파견 진정, 고소·고발을 하는 경우

1) 진정을 하는 경우

진정이란, 근로자가 노동관계법의 위반사항을 근로감독관에게 알리고 그 시정을 요구하는 것이다. 고용노동부는 일자리지원, 고용보험, 직업능력, 고용평등, 고용안정, 노사협력, 근로기준, 산재예방, 외국인력, 일반행정 등 총 10가지 분야로 민원을 접수하고 있다. 또한 투명한 행정 수행 및 고용노동 관계 법·제도의 위법사례 제보를 위해 신고센터를 운영하고 있는데, 불법파견은 이 신고센터를 통해 접수할 수 있다. 진정이 접수되면 사건이 발생한 관할 노동청에서 처리한다.

2) 고소·고발을 하는 경우

고소·고발이란, 범죄(불법파견)의 피해자가 범죄사실을 지방고용노동청에 신고하여 그 수사와 범인의 기소를 요구하는 행위를 말한다.

고소는 범죄(불법파견)의 피해자가 직접 신고하는 경우이고, 고발은 범죄(불법파견)의 피해자가 아닌 제3자가 신고하는 경우이다. 진정은 피해에 대한 권리구제가 우선인 것에 반해, 고소 · 고발은 피해에 대한 처벌을 우선으로 하는 점에 차이가 있다. 근로감독관은 고소 · 고발 사건이 접수되면 피의자를 신문하고 검찰에 사건을 송치한다.

(2) 법원에 근로자지위확인소송을 제기하는 경우

보통 고용노동부에 불법파견 진정, 고소 · 고발과 함께 법원에 민사소송을 제기하는 경우가 일반적이다. 민사소송을 통해서 근로자가 협력업체 소속 근로자인지, 원청 소속 근로자인지를, 즉 근로자지위확인을 법원으로부터 판단받을 수 있다. 원청 소속의 근로자로 불법파견임을 판단받는 것과 함께 고용의무이행을 청구할 수도 있고, 원청 소속 근로자였다면 받을 수 있었던 임금 등의 차액을 청구할 수도 있다.

2. 불법파견 처리절차

(1) 노동부에 진정, 고소 · 고발을 하는 경우

협력업체 근로자가 불법파견 진정, 고소 · 고발을 노동청에 제기하는 경우 처리절차는 다음과 같다.

고용노동부 신고사건 처리절차

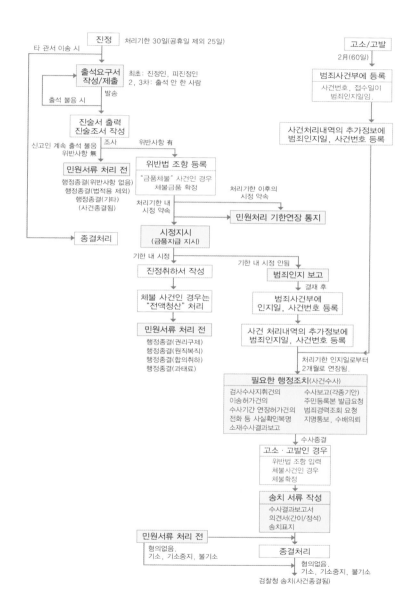

(2) 법원에 근로자지위확인소송을 제기하는 경우

근로자지위확인소송은 민사소송 절차를 밟게 된다.

◤ 민사소송 절차

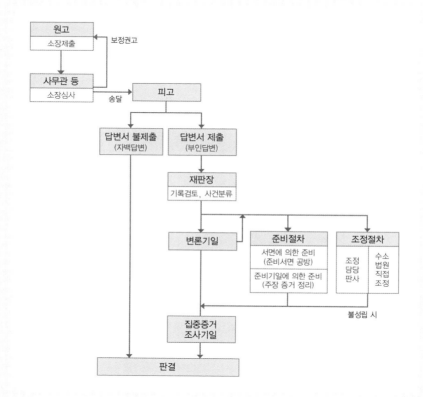

3. 불법파견 처리 결과

진정사건 조사 결과 파견법 위반이 발견되면 고용노동부가 원청에게 협력업체 근로자들을 직접 고용하라는 직접 고용명령을 시정지시로 내리게 된다. 원청에서 직접 고용명령을 이행하지 않을 경우에는 고용노동부에서 근로자 1인당 3천만 원 이하의 과태료를 부과할 수 있다.

고소 · 고발사건의 경우에는 피의자 신문 등의 조사를 거친 후, 검찰로 사건을 송치하게 되며 형사소송절차를 거치게 된다. 파견법 위반으로 판결 시 3년 이하의 징역 또는 3천만 원 이하의 벌금을 받을 수 있다.

민사소송으로 근로자지위확인소송을 제기 시 재판부가 파견법을 위반했다고 판단할 경우 원청 소속의 근로자지위확인과 함께 청구취지에 따라 임금차액 지급을 명할 수 있고 고용의무이행을 명할 수도 있다.

4. 불법파견 판단절차 및 기준

(1) 불법파견 판단절차

1) 하청 등 수급인의 실체성 판단

먼저 하청 등의 협력업체가 흔히 말하는 '바지사장'인지, 실제 회사로서의 실체가 있는지를 판단한다. 협력업체에 ① 채용 · 해고 등의 결정권이 있는지, ② 사업을 위한 소요자금 조달 및 지급에 대한 책임이 있는지, ③ 법령상 사업주로서의 책임이 있는지, ④ 기계·설비·기자재의 자기 책임과 부담이 있는지, ⑤ 전문적 기술·경험과 관련된 기획책임과 권한이 있는지 등 5가지 항목으로 판단한다. 이 5가지 기준을 종합적으로 판단했을 때 하청업체의 실체성이 부정되는 경우 위장도급이 되고, 원청 등 도급인과 하청 등 협력업체의 근로자 간의 묵시적인 근로계약이 성립된다. 하청 등의 협력업체의 실체성이 있는 경우에는 다음 순서로 근로자파견 여부를 판단하게 된다.

2) 근로자파견 여부 판단

최근 대법원에서는 불법파견에 대한 세부 판단기준을 5가지로 제시했다.[9] 이에 고용노동부도 2019. 12. 30.에 근로자파견에 대한 판단지침을 대법원 판례를 반영하여 개정했다. ① 원청이 협력사 근로자에게 구속력 있는 상당한 지휘·명령을 행사하는지 여부, ② 공동 작업 등으로 원청의 사업에 실질적으로 편입되는지 여부, ③ 협력사 직원의 채용, 교육훈련, 휴게시간, 휴가 등에 관한 결정권한에 개입하는지 여부, ④ 계약목적이 확정되고 업무가 원·하청 간에 구별이 되고 전문성과 기술성을 보유하는지, ⑤ 계약목적 달성에 필요한 조직과 설비 등을 보유하는지를 판단기준으로 삼고 있다. 이 5가지 기준을 종합적으로 비교·판단하여 불법파견 여부를 결정하게 된다.

---

9 대법원 2015. 2. 26. 선고 2010다106436 판결

◤ 불법파견 판단절차

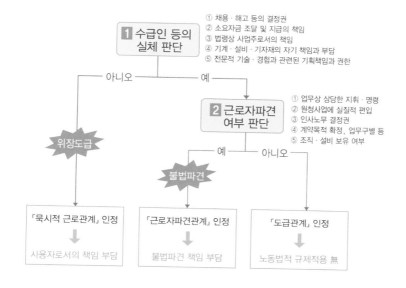

① 채용·해고 등의 결정권
② 소요자금 조달 및 지급의 책임
③ 법령상 사업주로서의 책임
④ 기계·설비·기자재의 자기 책임과 부담
⑤ 전문적 기술·경험과 관련된 기획책임과 권한

1 수급인 등의 실체 판단

아니오 / 예

2 근로자파견 여부 판단

① 업무상 상당한 지휘·명령
② 원청사업에 실질적 편입
③ 인사노무 결정권
④ 계약목적 확정, 업무구별 등
⑤ 조직·설비 보유 여부

위장도급

예 / 아니오

불법파견

「묵시적 근로관계」 인정
⬇
사용자로서의 책임 부담

「근로자파견관계」 인정
⬇
불법파견 책임 부담

「도급관계」 인정
⬇
노동법적 규제적용 無

(2) 불법파견 판단기준

위에서 살펴본 하청 등 수급인의 실체성 판단기준 5가지와 근로자
파견 여부 판단기준 5가지를 주요 판례를 통해서 불법파견으로 인정된
경우와 부정된 경우를 각각 살펴본다.

1) 하청 등 수급인의 실체성 판단기준

가. 채용·해고 등의 결정권

소속 근로자의 채용, 배치, 승진, 징계, 해고, 임금 등의 근로조건,
근로시간, 휴가, 조퇴, 교육훈련 등 인사노무와 관련된 사항을 누가

결정하는지 여부를 판단한다. 채용면접표, 취업규칙, 근로계약서, 신규채용자 안전교육 주체, 기타 해고 관련 서류 등을 통해서 확인할 수 있다.

① 실체성 인정(협력사에 채용·해고 등의 결정권이 있다고 판단)

협력업체는 새로운 직원의 충원이 필요한 경우 생활광고지, 인터넷 구인광고 등을 이용하여 공고를 하여 지원자들을 모집한 뒤 서류전형, 면접전형 절차를 거치며, 등급심사평가표를 통해 지원자들의 과거 보전업무 경험, 도면 이해력, 설비고장 진단능력, 자격증 유무 등을 평가하여 신규 근무자를 선발한다. 그리고 이 과정에서 원청은 어떠한 개입도 하지 않는다.[10]

② 실체성 부정(협력사에 채용·해고 등의 결정권이 없다고 판단)

원청은 2006년경까지 사내협력업체의 신규근로자 채용 시 원청 직원을 면접관으로 참여하게 하였다.[11]

원청의 ○○공장 트럭부에서는 사내협력업체 소속 근로자들이 퇴직 시 사내협력업체가 임의로 근로자를 채용하는 것을 금하고 원청의 운영부서 재가를 얻어 채용했고, UPH(Unit Per Hour)가 감소하여 인원감소 사유가 발생한 경우 사내협력업체 인원을 축소할 것 등을 요구 또는 지시하는 공문을 내보내기도 하였다.[12]

---

10 수원지방법원 평택지원 2020. 2. 13. 선고 2018가합10243, 2017가합9246 판결
11 광주고등법원 2019. 9. 20. 선고 2016나584 등 판결
12 서울고등법원 2017. 2. 10. 선고 2014나51666 등 판결

나. 소요자금 조달 및 지급의 책임

사업체 설립비용, 주금(株金) 납입비용, 사무실 임대비용, 기타 운영비용 등 사업을 영위하기 위해 필요한 자금을 스스로 마련하는지, 이와 관련된 지급능력, 책임을 가지고 있는지 여부를 판단한다. 사무실 임대차 계약서, 주식회사의 경우 주금 납입 영수증 및 주식소유비율, 기성금 지급방법 등을 통해서 확인할 수 있다.

① 실체성 인정(협력사에 소요자금 조달 및 지급 책임이 있다고 판단)

원청 외에 다른 기업으로부터 시설관리 용역 업무를 위탁받아 수행하고 있었다.[13]

② 실체성 부정(협력사에 소요자금 조달 및 지급 책임이 없다고 판단)

사내협력업체들은 매출액의 전부 또는 대부분을 원청과 체결한 협력 작업 계약에 따라 소속 근로자들을 원청을 위한 근로에 종사하게 하고 원청으로부터 그 대가로 지급받는 대금에 의존하고 있는데, (중략) 사내협력업체들이 근로자파견업체로서의 실질을 넘어서는 독자적인 사업주로서의 실체는 미미한 것으로 보인다.[14]

---

13 서울중앙지방법원 2020. 2. 13. 선고 2018가합504734, 2018가합527119 판결
14 광주고등법원 2016. 8. 17. 선고 2013나1128 판결

다. 법령상 사업주로서의 책임

각종 세금, 공과금 납부, 임금 및 수당지급, 근로소득세 원천징수, 연말정산, 4대 보험 가입·납부·상실신고, 별도 회계·결산 수행, 취업규칙 등 독자적 내부규정 마련·시행, 단체교섭 등 법령상 사업주로서의 책임을 이행하는지 여부를 확인한다.

① 실체성 인정(협력사에 법령상 사업주 책임이 있다고 판단)

협력업체들은 독립적인 사업주체로 활동하면서 법인세 등 제반 세금을 납부하고 회계·결산 등을 해왔으며, 직접 근로자들을 채용하고 (중략) 협력업체 근로자들이 이 사건 협력업체들로부터 부당해고를 당하자 이 사건 협력업체들을 상대로 구제신청을 한 사실로부터 이 사건 협력업체들의 근로자들 또한 이 사건 협력업체들이 사업경영상 독립성이 있다고 인정하였음을 알 수 있다.[15]

② 실체성 부정(협력사에 법령상 사업주 책임이 없다고 판단)

협력업체 근로자들은 4대 보험에 가입되어 있지 않았고, 원청 주장에 의하면 협력업체 근로자들이 개인사업자로서 3.3%의 사업소득세를 냈다고 하지만, 실제로 협력업체 근로자들이 개인사업자등록을 하거나 사업소득세 세무처리를 한 바가 없고, 다만 원청에서 일률적으로 협력업체 근로자들에 대한 각 수수료를 기준으로 소득세율 3.3% 해당금액을 원천징수한 다음 나머지를 지급하는 방식이었다. 따라서 협력업체 근로자들이 개인사업자라는 자각을 가졌다거나 개인사업자처럼 독립적으로 사업을 운영하였다고 보이지도 않는다.[16]

---

15 광주고등법원 2016. 8. 17. 선고 2013나1128 판결
16 서울중앙지방법원 2017. 2. 9. 선고 2014가단5355819 판결

라. 기계, 설비·기자재의 자기 책임과 부담

독자적으로 사업을 영위하기 위하여 필요한 기계, 설비, 기자재 등을 소유하거나 유상으로 임차하는 등 자기 책임과 부담하에 이를 확보하고 있는지 여부를 판단한다. 원청 등 도급인이 지급하는 기계, 설비, 기자재의 내역과 유·무상 여부를 통해 확인할 수 있다.

① 실체성 인정(협력사에 기계, 설비, 기자재의 자기 책임과 부담이 있다고 판단)

원청의 냉연공장에 있는 각종 포장설비 중에는 협력업체의 투자로 설치된 설비가 다수 존재한다. 이 사건 협력작업에 사용되는 일부 설비도 다수 소유하고 있다.[17]

유니폼, 안전화 및 장갑 등 업무에 필요한 소모품을 직접 구매하여 근로자들에게 공급하였다.[18]

② 실체성 부정(협력사에 기계, 설비, 기자재의 자기 책임과 부담이 없다고 판단)

협력업체의 주사무실은 A동 2층 원청 장비기술팀의 사무실 바로 옆에 위치하고 있었고 외부에 별도의 사업장이나 사무실조차 두고 있지 않고 독립적인 기업조직이나 설비를 갖추지 않았다.[19]

---

17 광주지방법원 순천지원 2019. 2. 14. 선고 2017가합12074 판결
18 광주지방법원 2013. 9. 26. 선고 2012가합51068 판결
19 서울중앙지방법원 2019. 8. 22. 선고 2016가합535581 판결

사내협력업체들이 작업과정에 사용되는 소모품이나 사무실, 작업장 내 비품을 마련하거나 지게차 등을 일부 보유한 것은 사실이나, 사내협력업체들이 업무를 수행함에 있어 핵심적으로 필요한 생산 관련 시설장비, 작업도구 등은 모두 원청의 소유이다. 또한 사내협력업체들이 고유 기술이나 특별한 자본을 투입하였음을 인정할 자료가 부족하다.[20]

마. 전문적 기술·경험과 관련된 기획책임과 권한

사업영위에 필요한 전문적 기술이나 경험을 가지고 독자적으로 사업을 기획하고 경영상 의사결정권을 행사하는지 여부를 판단한다. 기획 관련 서류, 사업계획서, 업무수행능력 및 소속 근로자 자격증 유무 등을 통해 확인할 수 있다.

① 실체성 인정(협력사에 전문적 기술·경험과 관련된 기획책임과 권한이 있다고 판단)

협력업체는 협력작업의 상당한 비중을 차지하는 천장크레인 이용 운반업무에 투입하기 위하여 소속 근로자들의 크레인 운전 자격증 취득을 지원하였다.[21]

협력업체는 코스닥시장 상장법인으로 전체 매출액에서 포장 사업의 비중은 절반 정도이고, 포장사업에 관한 독자적인 기술 및 자체 개발 설비를 보유하고 있으며, 각종 철강제품 포장설비에 관하여 다수의 특허를 보유하고 있고, (이하 생략)[22]

---

20 서울중앙지방법원 2020. 2. 6. 선고 2016가합524550, 2016가합553442 판결
21 광주지방법원 순천지원 2019. 2. 14. 선고 2016가합777 판결
22 광주지방법원 순천지원 2019. 2. 14. 선고 2017가합12074 판결

② 실체성 부정(협력사에 전문적 기술·경험과 관련된 기획책임과 권한이 없다고 판단)

사내협력업체의 담당 공정은 원청의 필요에 따라 수시로 변경되었음에도 사내협력업체 소속 근로자들의 노동력이 원청의 생산과정에 곧바로 결합될 수 있었던 점 등에 비추어 볼 때, 사내협력업체가 전문적인 기술을 가지고 있다거나 고유하고 특화된 업무를 도급받았다고 보기도 어렵다.[23]

협력업체 근로자들의 업무는 원청이 미리 정해 둔 비교적 단순한 작업을 반복하는 것으로서, 협력업체의 전문적인 기술이나 근로자들의 전문성·기술성이 요구되지 않는다. 이 사건 도장업무와 관련하여 전문성·기술성은 신차 출시를 위한 도장공법 등의 연구개발을 담당한 원청에게 있다고 보이고, (이하 생략)[24]

2) 근로자파견 여부 판단기준

가. 업무상 상당한 지휘·명령

원청 등 도급인이 하청 등 협력업체 소속 근로자에 대해 직·간접적으로 업무수행의 구체적 사항(작업배치 변경·결정, 작업량, 작업방법, 작업순서 및 내용, 작업속도, 작업장소 등)에 관한 구속력 있는 지시를 하고 수급인 등의 소속 근로자가 이에 구속되는 여부 등 상당한 지휘·명령이 있는지 여부를 판단한다.

---

23 서울중앙지방법원 2020. 2. 6. 선고 2016가합524550, 2016가합553442 판결
24 서울고등법원 2017. 2. 10. 선고 2016나2016939, 2016나2016946 판결

① 준법도급(업무상 상당한 지휘·명령권이 협력사에 있다고 판단)

협력업체 소속 근로자들은 ○○○○(○○에너지관리시스템) 본인들의 업무에 대한 원청의 지시 및 통제수단으로 기능하였다는 취지로 주장하지만 ○○○○는 ○○연구소 내 장비와 설비 등에 자산 번호를 부여하고 등록하여 업무이력을 관리하고 확인할 수 있는 장비 등의 관리사이트일 뿐이다. 대상 업무에 협력업체의 예방, 점검업무가 포함되었으나 근로자별 성과와 실적을 평가하거나 관리감독하는 것이 아니라 종전의 예방점검표, 작업 확인서에 따른 수기 작성 방식을 전산화하여 업무수행 결과를 직접 입력하고 장비별 점검이력까지 확인할 수 있도록 한 것이어서 원청의 지시 통제 수단으로 보기 어렵다.[25]

포장업무의 특성상 도급인과 수급인이 포장사양의 유형 및 포장 규격에 대하여 동일한 기준을 공유할 필요가 있는 점, ○○○○○이 고객의 주문에 맞춘 포장사양 개발에 주도적인 역할을 한 점, 제품별 포장사양에 관한 정보를 MES(Manufacturing Execution System, 생산관리시스템)로 제공한 것은 이 사건 협력작업계약의 작업대상을 구체화한 것으로 보이는 점 등에 비추어 보면, 이를 구속력 있는 업무지시라고 볼 수 없다.[26]

협력업체 근로자들이 맡은 이 사건 소방업무의 수행과정을 살펴보면, 그 과정에서 소방대장은 협력업체 근로자들을 포함한 소방대 대원들에게 문자 메시지 또는 SNS 단체 메시지의 형태로 원청의 업무 지시사항을 전달하였으며 원청이 협력업체 근로자들로부터 일일안전순찰일지, 화재진압보고서 등을 송부받기도 하고, 협력업체 근로자들이 속한 소방대가 원청의 연구소

---

25 서울고등법원 2019. 9. 27. 선고 2018나206639 판결
26 광주지방법원 순천지원 2019. 2. 14. 선고 2017가합12074 판결

연구 개발안전환경팀 환경방재 파트의 하위 부서처럼 기능적으로 종속되는 것처럼 보이기도 한다. 그러나 원청이 협력업체 근로자들로부터 송부받은 일일안전순찰일지나 화재진압보고서에 대해 결재를 한다거나 이를 기초로 협력업체 근로자들의 업무수행 능력을 평가하였다고 보이지 않는다. 민법은 수급인이 완성한 목적물의 하자가 도급인의 지시나 도급인이 제공한 재료에 기인한 것일 경우에는 수급인의 책임이 면제된다(민법 제669조)고 규정하여, 도급관계에서 도급인의 지시가 있을 수 있음을 예정하고 있다. 도급계약에 있어서도 도급인은 계약 목적을 달성하는 범위 내에서 수급인 또는 수급인에게 고용된 근로자에게 적정한 지시권을 행사할 수 있다고 보아야 하고, 이러한 도급목적 지시에는 수급인이 수행하는 도급업무의 범위와 내용을 지시하고, 이를 검수·확인하는 수준의 지시라고 봄이 타당하고, 이러한 지시관계 내지는 업무연락 관계를 가리켜 근로자파견 관계를 인정할 수 있는 징표로서의 지휘·명령 관계라고 평가하기는 어렵다.[27]

② 불법파견(업무상 상당한 지휘·명령권이 원청에 있다고 판단)

원청의 제품 생산과정과 조업체계는 현재 전산관리시스템에 의해 계획되고 관리된다. 이 사건 각 협력업체 소속 근로자들은 전산관리시스템을 통해 전달받은 바에 따라 협력작업을 수행한다. 전산관리시스템이 도입된 이후에도 생산과정에 오류 등이 발생하여 압연코일의 위치를 조정할 필요가 있는 경우, 좌표 등이 설정되지 않은 장소에서 작업을 수행해야 하는 경우 등에는 원청 소속 근로자가 직접 CLTS(Crane Local Tracking System, 크레인 추적 시스템) 화면에 작업내용이 나타나도록 정보를 입력하기도 하였다.[28]

---

27 서울중앙지방법원 2020. 1. 31. 선고 2016가합521209 판결
28 대법원 2022. 7. 28. 선고 2021다221638 판결

협력업체 근로자들은 원청의 작업공정 모니터, 부품조견표, 작업표준서, 중점 관리표에 따라 투입할 부품, 조립방법을 정하게 되고 그에 따라 작업을 수행하였다.[29]

○○○○나 ○○○○시스템에는 장애 신고건별로 접수시간과 목표시간, 협력업체 근로자들이 실제 유지·보수 작업을 시작한 시간과 완료한 시간이 분 단위로 기록되었고, 특히 ○○○○시스템의 메인 화면에는 작업 지연 현황이 강조되어 표시되었다. 또한, 원청은 협력업체 근로자들로 하여금 매월 작업건수와 작업시간을 상세하게 보고하도록 하였고, 특히 '2시간 이내 장애처리율'의 경우 따로 목표를 설정하여 그 결과를 확인할 만큼 중점적으로 관리하였다. 이와 같은 방법으로 원청은 협력업체 근로자들의 작업속도와 작업시간을 통제·관리하였다.[30]

원청 직원들은 MES를 구축하여 작업물량, 작업위치 등 사내협력업체의 근로자들이 작업해야 할 구체적인 업무 내용과 범위를 정해 주었고, 실시간으로 근로자들에게 메시지를 보내는 등 MES 등을 통하여 사내협력업체의 근로자들에게 업무지시를 하고 이들의 업무 수행상태를 관리하였다. (중략) 이 사건 각 사내협력업체는 원청으로부터 발주받은 업무를 독자적인 기술과 작업방식을 가지고 일을 완성하여 결과물을 이전한 것이 아니라 냉연강판 생산공정이 진행과정에서 원청이 정한 작업내용과 작업시간, 작업장소의 틀 안에서 원청으로부터 전수된 기술을 이용하여 냉연강판을 생산하기 위한 노무를 제공한 것에 불과하다. 이러한 사내협력업체 근로자들이 수행한 업무 특성과 MES를 통해 이루어지는 원청의 작업요청의 내용과 빈도, 앞서

---

29 대법원 2021. 7. 8. 선고 2018다243935, 2018다243942 판결
30 서울중앙지방법원 2022. 8. 12. 선고 2020가합556400 판결

살펴본 원청 직원들과 사내협력업체의 근로자들의 업무 관계 등으로 보았을 때, MES는 단순히 도급업무를 발주하고 일의 결과에 대한 검수를 하는데 필요한 정보를 입력하고 확인하는 PDA 단말기와 같은 기능에 그치는 것이 아니라 원청이 사내협력업체의 근로자들에 대한 작업을 지시하고 관리·감독할 수 있는 측면의 기능이 강화된 시스템으로 보아야 한다.[31]

나. 원청 등 도급인의 사업에의 실질적 편입

하청 등 협력업체 소속 근로자가 원청 소속 근로자와 하나의 작업 집단으로 구성되어 공동 작업을 하거나 계약상 업무 외의 업무도 수행하거나, 원청 등 도급인의 결원 발생 시 하청업체 직원으로 대체 하도록 하는 등 원청이 협력업체 소속 근로자를 원청의 근로자와 마찬가지로 원청의 사업에 편입함으로써 종속적으로 지배를 한다고 볼 수 있는지 여부를 판단한다.

① 준법도급
(협력사가 원청 사업에 실질적으로 편입되지 않았다고 판단)

원청은 선박 건조 과정에서 여러 부재들을 소조립, 대조립 과정을 거쳐 하나의 블록으로 만들고 이와 같이 만들어진 블록들을 결합하는 방식으로 건조작업을 하는데 협력업체 소속 근로자들은 통상 개별공사계약에 따라 특정 블록별로 원청 소속 근로자들과 구분되는 공간에서 작업을 수행하였고 일부 동일한 공간에서 작업을 하는 경우가 있다고 하더라도 서로 작업대상 및 작업내용을 달리하여 각자가 맡은 작업을 수행하였으므로 협력업체 소속 근로자들이

---

31 광주지방법원 순천지원 2022. 7. 21. 선고 2016가합11180, 2017가합10269 판결

상시적으로 원청 소속 근로자들과 하나의 작업집단으로 구성되어 공동 작업을 해왔다고 보기 어렵다.[32]

이 사건 위탁업무는 원청 또는 ○○연구소의 주된 업무에 불가분적으로 결합되어 있는 것이 아니어서 이를 분리하여 도급형식으로 위탁하는 것이 불가능하지 않고, 결국 협력업체 근로자들이 이 사건 기본계약 및 위탁계약에서 정한 도급업무를 수행한 것이라면, 협력업체 근로자들이 원청의 사업장 내에서 업무를 수행한다거나 원청 소속 근로자들과 유기적인 협업관계에 있다는 사정만으로 원청의 사업에 실질적으로 편입되었다고 볼 수는 없다.[33]

이와 관련하여 협력업체 근로자들은 원청 공장 내의 '모든' 공정들이 컨베이어 등 자동화 시스템으로 연결되어 있다고 주장한다. 그러나 앞서 본 바와 같이 가류, 검사공정을 통과한 타이어를 각각의 다음 공정으로 운반하거나 GIP 작업(성형된 그린타이어를 가류공정으로 옮기는 과정에서 가류 설비와 타이어가 서로 눌러 붙지 않도록 약품을 도포하는 작업)을 위해 성형공정으로부터 그린타이어를 운반하는 경우를 제외하고는 컨베이어 내지 트롤리[34] 등 기계적 방식에 의해 공정별 생산품의 운반이 이루어지는 경우를 찾아보기 어려우며, 기타 공정 간의 운반작업은 해당 공정의 담당 직원이 직접 차량을 운전하는 방식으로 진행된다. 그리고 컨베이어 등 설비에 에러가 발생하는 등으로 공정 간 제품의 운반이 일시적으로 중단된다고 할지라도, 그 경우 원청이나 사내 협력업체 소속 근로자를 투입하여 대신 운반작업을 수행토록 하는 방식으로 인접 공정에서의 생산 차질을 최소화할 수 있다. 더욱이 앞서 본 바와 같이

---

32 부산고등법원 2021. 1. 13. 선고 2020나50822 판결
33 서울중앙지방법원 2020. 2. 13. 선고 2018가합504734, 2018가합527119 판결
34 크레인의 빔(beam) 위를 이동하는 무개차(無蓋車)로서, 이 무개차에는 짐을 매달아 올리는 일련의 장치와 빔 위를 이동하는 일련의 이송 장치가 장착되어 있다.

성형공정 등 개별 공정에서는 작업 대상 물품의 재고분이 상당 부분 확보되어 있어, 컨베이어 고장 등 운반사고가 발생하는 때에도 일정 시간(증인 ○○○은 '압연–성형공정의 경우 약 8시간분의 재고물량을 보유하고 있다'고 증언한 바 있다) 동안은 타이어 생산 작업이 중단 없이 진행될 수 있도록 하였다(결국 공정별로 확보된 재고물량은 공정 간 유기성을 완화하는 수단으로 기능한다. 물론 컨베이어 등의 고장 상태가 장시간에 걸쳐 지속된 결과 해당 공정의 재고 물량을 모두 소진할 정도로 운반 작업이 지체되는 때에는 전체적인 타이어 생산에 차질을 가져오게 될 것이나, 그러한 경우는 도급 방식으로 이루어지는 협업에서도 충분히 상정할 수 있는 경우로서, 이를 공정 간 고도의 유기성 내지 연관성의 징표로 삼을 수는 없다).[35]

협력업체 근로자들이 수행한 이 사건 소방업무는 원청의 연구소의 시설과 안전에 관한 업무로서, 원청 사업의 핵심적이고 본질적인 업무라고 할 수 있는 자동차 제조·판매업무와 명백히 구별되며, 나아가 연구소의 핵심 업무인 자동차 연구개발 업무와도 명백히 구별되는 업무에 해당한다. 협력업체 근로자들은 소방대장 통제 아래에서 소방대원들의 교대근무 순서나 일정을 정한 바에 따라 이 사건 위탁 계약에서 정한 업무를 수행하였고, 이러한 소방대 업무는 원청 연구소의 주된 업무와의 관계에서 상호 유기적으로 연동되어 있다고 볼 수 없고, 서로 대체할 수 있다고 보이지도 않는다. 협력업체 근로자 들은 화재진압·대피 훈련 과정에서 협력업체 근로자들과 원청회사 직원들이 공동으로 훈련을 진행했다는 점을 이유로 하나의 작업 집단을 이루고 있다고 주장하나, 이는 원청이 소방시설법에 따라 연구소 내에 상시 근무하거나 거주 하는 사람에 대하여 소방훈련과 소방 안전관리에 필요한 교육을 실시할 의무가 있었던 것에 기인한 것이고, 이 사건 위탁 계약에서 정한 업무 범위에 따라 협력업체 근로자들이 그 업무를 수행한 것이라고 봄이 타당하다.[36]

---

35 서울중앙지방법원 2015. 4. 17. 선고 2014가합550098 판결
36 서울중앙지방법원 2020. 1. 31. 선고 2016가합521209 판결

② 불법파견(협력사가 원청 사업에 실질적으로 편입되었다고 판단)

크레인 운전을 통해 코일을 운반하는 업무는 세부적인 생산공정 사이를 연결하는 역할을 하거나 공정을 준비하고 마무리하는 역할을 함으로써 압연 공정 자체에 필수적으로 수반될 수밖에 없다. 크레인을 통한 협력업체 근로자들의 업무 수행과 원청의 코일 생산공정을 분리하는 것은 사실상 불가능하고 크레인 운전 업무의 작업성과는 이후 시행될 공정, 나아가 전체 압연제품 생산공정의 소요시간과 작업결과에 영향을 미치게 된다. 또한 협력업체 소속 근로자들은 코일을 운반하는 업무 외에도 시편 검사, 롤 교체 작업, 입고실사, 목전라벨 부착 등의 업무에서 원청 소속 근로자들과 광범위하게 협업하였다.[37]

협력업체가 담당한 엔진조립 업무는 원청의 필수적·상시적 업무이고, 원청이 정한 생산계획기 등에 따라 일일 작업량이 실질적으로 정해져 있으므로 원청이 계획한 엔진생산일정 등에 연동하여 작업이 진행될 수밖에 없다.[38]

협력업체 근로자들은 사실상 총무팀의 하위 부서로 기능하면서 원청의 정규직 근로자들이 해야 하는 업무를 대신 수행하거나, 그들과 함께 또는 분담하여 동일한 업무를 수행하였다. 즉, 협력업체 근로자들이 담당한 업무는 총무팀 정규직 근로자들의 업무와 명확히 구별되지 않았다. 물론 협력업체 근로자들이 수행한 업무는 ○○연구소의 설립 목적이자 본연의 업무인 '○○○ 연구·개발 업무'와는 명백히 구별되지만, 이는 원청의 정규직 근로자 중 연구직이 아닌 일반직 근로자의 경우에도 마찬가지라는 점에서, 위와 같은 사정만으로 협력업체 근로자들이 원청의 사업에 편입되지 않았다고 단정 짓는 것은 타당하지 않다. 오히려 총무팀은 상당한 규모의 조직을 갖추고 ○○연구소

---

37 대법원 2022. 7. 28. 선고 2021다221638 판결
38 대법원 2021. 7. 8. 선고 2018다243935, 2018다243942 판결

운영·유지에 필수적인 고유의 업무를 담당한 점에 비추어 보면, 협력업체 근로자들이 총무팀 정규직 근로자들과 명확한 구분 없이 업무를 수행하였다면, 이러한 사정은 원청의 사업에 편입되었는지 여부를 판단하는 주된 요소로 충분히 고려할 수 있다.[39]

사내협력업체들은 원청 AS공장의 냉연강판 생산공정에 필요한 지원업무·공정의 일부분을 담당하였다. 차량경량화 제품을 생산하는 공정을 제외한 나머지 업무·공정들은 원자재 입고에서부터 완제품 출하까지 원청이 냉연강판을 생산하는 5가지 주요 공정의 생산라인 진행과 연동되어 함께 작업이 진행되어야 할 필요가 있어 사내협력업체 근로자들의 업무시간, 휴게시간, 식사시간, 연장·야간근무는 원청 직원들과 동일하게 정해졌다. 즉, 사내협력업체가 작업시간, 작업방식, 작업속도, 작업장소 등에 관하여 원청의 생산공정의 흐름과 연동되는 범위를 벗어나 독자적인 방식으로 일의 결과만을 완성하도록 업무를 수행할 수 있는 재량이 있었다고 보기 어렵다.[40]

다. 인사노무 관련 결정·관리 권한 행사

하청 등 수급인이 업무에 투입될 근로자의 선발·교체, 교육훈련, 작업·휴게시간, 휴가, 근무태도 점검, 승진·징계·해고 등 인사노무와 관련된 사항의 결정·관리 권한을 독자적으로 행사하는지 여부, 원청 등 도급인이 인사노무와 관련하여 결정한 사항이 하청 등 협력업체 소속 근로자에게 그대로 적용되는지 여부 등을 판단한다.

---

39 서울중앙지방법원 2022. 8. 12. 선고 2020가합556400 판결
40 광주지방법원 순천지원 2022. 7. 21. 선고 2016가합11180, 2017가합10269 판결

① 준법도급
    (협력사가 인사노무 관련 결정·관리 권한을 행사했다고 판단)

협력업체는 별도의 취업규칙을 마련하고 조선업 및 용접 관련 업무에 종사한 경력이 있는 사람 등 자체적인 기준을 충족하는 사람들을 근로자로 채용해 왔으며 출퇴근, 휴가 등 근태상황을 파악하여 근무평가를 하는 등 독자적인 인사권을 행사해 온 것으로 보인다.[41]

이 사건 소방에 필요한 인원수가 표준 T/O로 사실상 제한되었더라도 그 인원 내에서의 근로자 채용과 근로자별 작업 배치와 보직변경은 협력업체가 스스로 한 것으로 보이고 (중략) 업무에 소요되는 인원수 산정과 관련된 표준 T/O를 들어 원청이 협력업체 근로자에 대한 일반적인 작업 배치권과 변경 결정권을 행사하거나 협력업체 근로자들이 수행할 작업량과 작업방법, 작업순서, 작업속도, 작업장소, 작업시간까지 결정한 것으로 보기는 어렵다.[42]

안전·금연교육 등 협력업체 근로자들이 사내협력업체에 대한 지휘·명령의 징표로 주장하는 각종의 교육들에 있어서도 마찬가지로서, 원청이 그 책임 하에 실시한 해당 교육이나 작업장 전체의 안전관리 또한 고무 등 화재에 민감한 재료를 사용하는 생산공정의 특수성을 감안한 사용자의 시설관리권 행사 혹은 산업안전보건법 제18조, 제29조 등에 따른 도급사업주로서의 의무 이행을 위한 조치 등으로 평가된다.[43]

---

41 부산고등법원 2021. 1. 13. 선고 2020나50822 판결
42 서울중앙지방법원 2019. 11. 7. 선고 2017가합531647 판결
43 서울중앙지방법원 2015. 4. 17. 선고 2014가합550098 판결

사내협력업체는 소방대원의 선발에 대한 권한을 독자적으로 행사하였을 뿐 아니라, 사내협력업체 소속 소방대장은 협력업체 근로자들을 비롯한 소방대원의 교육 및 훈련에 관한 결정을 가지고 있었고, 거기에 원청의 관여나 개입이 있었다고 보이지 않는 점, 소방대장은 소속 소방대원들의 교대근무 순서, 일정 등을 직접 조율한 후 이에 따라 수행하게 하였던 점 등에 비추어 보면, 협력업체는 이 사건 소방업무에 투입될 근로자의 선발, 작업내용, 배치, 근무태도 등에 관한 결정 권한을 독자적으로 결정하고 행사하였다고 봄이 타당하다.[44]

② 불법파견(협력사가 인사노무 관련 결정·관리 권한을 행사하지 않았다고 판단)

실질적인 작업 배치권은 원청이 가지고 있었고 원청은 생산계획에 따라 연장 및 휴일근로를 지시했으며 협력업체 근로자들의 근무시간과 연장 및 휴일근로 등은 원청의 지시에 구속되었다. 원청은 협력업체에 대해 노무교육을 시행하거나 그 노무관리에 관해 회의체를 운영했었다.[45]

압연 코일의 생산, 가공, 출하, 공정에 걸쳐 운반 등과 같은 보조적인 작업을 수행하는 협력업체 입장에서 원청의 작업일정과 관계없이 그 소속 근로자들의 휴게시간을 독자적으로 결정하기는 힘들었을 것으로 보인다. (중략) 원청이 월간가동일보, 주임일지, 교대 근무일지 등을 통하여 협력업체의 투입인원을 사실상 관리하였다고 볼 여지가 있는 점의 사정들도 고려되어야 한다.[46]

---

44 서울중앙지방법원 2020. 1. 31. 선고 2016가합521209 판결
45 대법원 2021. 7. 8. 선고 2018다243935, 2018다243942 판결
46 광주고등법원 2021. 2. 3. 선고 2019나21018 판결

이 사건 각 위탁계약에 따른 도급대금은 실제로는 각 협력업체별 소속 근로자의 수와 임금인상률에 따라 그 금액을 산정하였고, 임금인상률에 관한 주도적인 결정권은 원청에게 있었던 것으로 보인다. 이와 같이 가장 중요한 근로조건 중 하나인 임금에 관한 결정 권한이 사실상 원청에게 있었기 때문에, 협력업체 근로자들은 원청의 업무지시에 더욱 구속될 수밖에 없었을 것이다.[47]

원청은 사내협력업체 근로자들에 대하여 교육을 실시하기도 하였다. 또한 사내협력업체의 근로자 중 우수한 사람을 선발하여 원청의 임원명의로 표창장을 수여하였고, 사내협력업체의 근로자들에게 사내협력업체를 통하여 용역도급계약상 지급의무가 없는 성과금을 지급하기도 하였다. 또한 원청은 원청 직원의 지시를 어기는 사내협력업체의 근로자들에게 벌점을 부과하였고, 벌점은 사내협력업체와의 용역도급계약 연장 시 활용하였다.[48]

라. 계약목적 확정, 업무의 구별, 전문성 · 기술성 보유

하청 등 협력업체 소속 근로자가 수행할 업무의 내용 · 범위 · 기한 등이 구체적으로 확정되어 있는지, 원청 근로자의 업무와 구별되고 전문성 · 기술성이 있는지 등을 고려하여 하청과 원청 간의 계약목적이 특정한 일의 완성에 있는지 여부 등을 판단한다.

---

47 서울중앙지방법원 2022. 8. 12. 선고 2020가합556400 판결
48 광주지방법원 순천지원 2022. 7. 21. 선고 2016가합11180, 2017가합10269 판결

① 준법도급(계약목적이 확정되고 원·하청 간 업무가 구별되며, 협력사가 전문성·기술성을 보유했다고 판단)

카마스터들은 판매사원들과 동일하거나 유사한 업무를 수행하였지만 대리점과 직영점은 일반적으로 지역별 예상수요를 고려하여 영업지역을 배분하여 설립되거나 판촉대상 지역을 달리하여 배정받은 경우가 많았고 영업지역이 중복되는 경우에도 대리점과 직영점은 협력관계에 있다기보다는 경쟁관계에 있었기 때문에 대리점에 속한 카마스터와 직영점에 속한 판매사원들의 업무는 구별된다고 할 수 있다.[49]

협력업체가 담당하는 업무를 위탁계약서 내용에서 정하고 있는데 이에 의하여도 이 사건의 소방업무의 범위가 예측될 정도로 한정될 뿐 아니라 각 업무일지 및 각 체크리스트의 점검내용을 살펴보면 이 사건의 소방업무는 업무별로 세부적인 작업 내용이 정하여져 있고 업무범위가 구체적으로 한정된 것으로 보인다.[50]

협력업체 근로자들은 소방차 운전에 필요한 자동차 1종 대형 면허를 소지하고 있었으며, 소방대장은 소방설비기사(전기분야), 위험물산업기사 등의 자격을 보유하고 있었고 협력업체 근로자들의 일부는 소방 관련 학과를 졸업하고 원청의 사내협력업체에 입사하기 전에 타 회사에서 소방관련 업무를 한 경력을 보유하고 있었다. 이와 같이 협력업체 근로자들은 소방 관련 학과를 졸업하거나 소방 관련 업무 경력이 있으며 소방 업무 수행에 필요한 자격사항을 갖추고 있었다.[51]

---

49 서울중앙지방법원 2020. 1. 9. 선고 2016가합565278 판결
50 서울중앙지방법원 2019. 11. 7. 선고 2017가합531647 판결
51 서울중앙지방법원 2020. 1. 31. 선고 2016가합521209 판결

② 불법파견(계약목적이 확정되지 않았고 원·하청 간 업무가 구별되지 않으며, 협력사가 전문성·기술성을 보유하지 않았다고 판단)

협력업체가 수행한 대부분 작업들의 구체적인 작업내용은 작업표준에 따라 단순·반복적으로 행해지는 것으로서, 고도의 전문성과 기술이 필요한 것으로 보이지 않는다. 원청이 협력업체에게 지급하는 대가는 완성된 물량이 아니라 주로 협력업체가 투입한 근로자의 인원, 근로시간 등을 기초로 산정되었다.[52]

협력업체 근로자들은 도급계약에서 정한 업무 외에도 타 업무 등을 수행했고 원청은 협력업체 근로자들이 통상적 점검, 세척 업무 등을 수행한 경우 별도로 도급비를 지급했으며 별도 인력을 고용한 경우 인력비도 지급했었다. 도급업무인 엔진조립에 관한 전문성과 기술성이 원청에 있었다.[53]

원청이 이 사건 각 협력업체와 체결한 이 사건 각 위탁계약은 그 목적 및 기한이 명확하지 않다. 이 사건 각 위탁계약은 위탁대상 업무를 '유지 및 정비보수에 관한 업무'로 정하면서 이를 '정기유지 보수 업무'와 '장애정비(고장수리) 업무'로 구분하고, 유지·보수 대상 전산장비를 특정하기는 하였지만, 이는 사실상 형식적인 것에 가까웠고, 실제로는 원청의 필요에 따라 업무범위가 구체적으로 결정된 것으로 보인다. 2017년 이후 작성된 위탁계약서는 도급업무의 범위를 약 20가지로 세부화하고 있지만, 이는 파견법의 적용을 회피하기 위해 진정한 도급관계에 있는 듯한 외관을 만든 것으로 보일 뿐이고, 오히려 그 이전까지 체결된 위탁계약에서는 업무의 범위가 사전에 명확하게 확정되지 않았다는 점을 강하게 뒷받침한다.[54]

---

52 대법원 2022. 7. 28. 선고 2021다221638 판결
53 대법원 2021. 7. 8. 선고 2018다243935, 2018다243942 판결
54 서울중앙지방법원 2022. 8. 12. 선고 2020가합556400 판결

사내협력업체들의 도급목적은 냉연강판 생산에 필요한 세부적으로 구분된 업무 중 일부의 수행으로 특정되어 있는데, 이는 수급인이 독자적으로 일을 진행하고 완성시켜 그 결과물을 도급인에게 이전하는 것을 목적으로 하는 것이라기보다, 단순히 냉연강판 생산 작업에 필요한 노무의 제공을 목적으로 한 것에 불과하다.[55]

마. 계약목적 달성을 위해 필요한 기업조직·설비 등의 보유

하청 등 협력업체가 도급계약 등의 당사자로서 계약의 목적을 달성하기 위하여 필요한 독립적 조직이나 설비, 장비, 전문성 등을 갖추고 있는지 여부, 사업주로서 실체는 인정되지만 스스로의 책임하에 특정된 일을 완성하거나 업무를 처리하기 위해 필요한 능력을 갖추고 있는지 검토하여 도급계약 등의 당사자로서 적격 여부를 판단한다.

① 준법도급(협력사가 계약목적 달성을 위한 기업조직·설비 등을 보유했다고 판단)

협력업체는 현장 작업자를 관리하는 현장소장, 반장 등 관리직 직원을 두고 그들 산하에 각 일정 수의 취부, 용접, 사상 등 현장 작업자를 배치하여 생산 및 노무관리를 하는 등 독립적인 조직 및 인원을 갖추고 있다.[56]

---

55 광주지방법원 순천지원 2022. 7. 21. 선고 2016가합11180, 2017가합10269 판결
56 부산고등법원 2021. 1. 13. 선고 2020나50822 판결

협력업체는 원청의 ○○공장 외에도 ○○○○주식회사 ○○사옥의 시설 및 보안관리 등의 업무를 수행하고 있는 실체가 있는 여러 사업을 동시에 수행하고 있으며, 비록 소방업무에 한정된 업체는 아니더라도 경비, 환경, 미화 등 자체적인 조직을 갖춘 것으로 보인다.[57]

사내협력업체 소속 근로자 수는 상당한 규모에 달하고 있었고 연구소 이외의 다른 사업장에서도 미화, 환경 등의 용역 업무를 위탁받아 수행하고 있었던 점, 화재감시 모니터링 시스템은 소방 시설법상 건축허가를 받기 위해 필수적으로 설치되어야 하는 시설인 점에서 원청이 소유하는 것이 자연스러워 보이는 점, 도급 관계라고 하여 도급인이 재료를 제공할 수 없는 것은 아닌 점(민법 제699조 참조) 등의 사정에 앞서 본 다른 사정들까지 종합하면, 협력업체 근로자들과 원청 사이에 근로자파견 관계를 인정할 수 있을 정도로 원청의 협력업체가 이 사건 위탁계약의 목적을 달성하기 위하여 필요한 독자적인 기업조직이나 설비를 갖추고 있지 않았다고 평가하기 어렵다.[58]

② 불법파견(협력업체에 계약목적 달성을 위한 기업조직·설비 등이 없다고 판단)

협력업체 소속 근로자들의 크레인 운전 업무를 수행하기 위해 가장 중요한 설비인 천장크레인과 코일 등의 운반업무 수행에 필수적으로 사용된 전산 관리시스템은 모두 원청이 소유하고 실질적으로 관리하였다. 그리고 협력 업체는 대부분의 매출을 원청과의 거래를 통해서 달성하였다.[59]

---

57 서울중앙지방법원 2019. 11. 7. 선고 2017가합531647 판결
58 서울중앙지방법원 2020. 1. 31. 선고 2016가합521209 판결
59 대법원 2022. 7. 28. 선고 2021다221638 판결

협력업체는 엔진조립에 필요한 공장, 기계 설비 등을 원청으로부터 무상으로 임차하여 소속 근로자들에게 제공하였고 사내협력업체가 갖춘 인적·물적 설비 수준을 고려할 때, 독자적으로 작업표준서 등의 내용을 정하거나 실질적으로 엔진조립 순서와 생산계획을 구성하고 하자개선대책을 마련했을 것으로 보이지 않아 협력업체가 업무수행과 관련하여 고유 기술이나 자본 등을 투입했다고 보이지 않는다.[60]

사내협력업체들은 사무용품, 개인 수공구 등 자재들을 제외하면, 별다른 물적 시설 및 고정자산을 갖추지 아니한 채 대부분 현장에서 작업하는 근로자들로 구성되어 있고, 심지어 해당 업무와 전혀 관련 없는 인물이 대표이사를 맡는 등 특유의 전문성을 갖추고 있지 않다.[61]

---

60 대법원 2021. 7. 8. 선고 2018다243935, 2018다243942 판결
61 광주지방법원 순천지원 2022. 7. 21. 선고 2016가합11180, 2017가합10269 판결

3
Solution

준법도급 진단 준비하기!

굿바이 불법파견
헬로우 준법도급

사내노무사인 기업 현직 팀장이 직접 쓴
불법파견 리스크 예방을 위한 7가지 솔루션

3 준법도급 진단 준비하기!
Solution

상생협력팀에서는 매년 반기마다 준법도급 진단을 하고 있다. 전 사업장별로 도급 등의 계약을 맺은 협력사와 (주)명송전자의 계약관계에서 불법파견 요소가 없는지 점검 · 확인하고 개선하는 활동이다. 상생협력팀은 올해 상반기 준법도급 진단을 준비하기 위해 회의실에 모였다.

"이 대리! 올해 상반기 전사 준법도급 진단 계획은 어떻게 진행되고 있나요?"

"네, 팀장님. 4월에 계획을 수립해서 진단 체크리스트 준비 및 일정 협의를 5월까지 완료한 후 6월부터 약 1개월간 팀원별로 담당사업부의 사업장 현장방문을 통해서 진단을 실시한 후에 결과를 취합하여 7월 중에 최종 보고드릴 계획입니다."

◣ 준법도급 진단 준비절차

1. 전년도 진단 리뷰 및 시사점 도출
2. 올해 중점 추진사항
3. 준법도급 진단 추진계획 수립
4. 진단 체크리스트 준비
5. 현장진단
6. 결과 보고서 작성·보고 및 공유
7. 사후관리

1 전년도 진단 리뷰 및 시사점 도출

"작년 진단 때 이슈가 되었던 사항은 무엇이 있었죠?"

"전사 사업 확장으로 신규 협력업체가 늘어나면서 전체 협력사에 대해서 준법도급 진단을 실시하지 못했습니다. 우선 사업부별로 규모가 가장 큰 협력사를 대상으로 진단을 실시했고, 그 외 진단을 실시하지 못한 곳은 올해부터 순차적으로 실시하기로 했었습니다."

"사업부별로 이슈는 없었나요? 회전기사업부에 무슨 이슈가 있었 던 걸로 기억하는데, 회전기사업부 담당이 누구죠? 정 대리죠? 정 대리! 작년 점검 때 이슈가 무엇이었죠?"

"아, 김 과장이 타 팀으로 전출가기 전에 회전기사업부를 점검 했습니다. 전출 이후에 제가 회전기사업부를 담당했는데, 당시 어떤 이슈가 있었는지는 미처 확인을 못했습니다."

"아, 그렇군요. 제 기억으로는 작년에 뭔가 있어서 올해 진단 때 다시 꼭 봐야 한다는 게 있었던 걸로 기억하니까, 이번 진단 때 확인 해서 반영할 수 있도록 합시다."

"네, 알겠습니다. 팀장님"

정 대리는 사원 3년차로 경력 입사하여 상생협력팀에서 1년 정도 근무했다. 대학에서 법학을 전공하고 사법고시를 준비한 경험도 있다. 사시에서 공인노무사로 전향해서 1년 만에 합격한 후 노무법인에서 3년간 근무해서 실무에 해박한 지식을 가지고 있다.

"서준 씨!"

"네, 팀장님."

송 팀장의 몰아치는 날카로운 질문에 선배들이 돌아가면서 바로 바로 대답하는 모습을 처음 본 박 사원은 어리둥절하기만 하다. 이것이 TV나 영화에서만 보던 그런 회사의 치열한 회의 장면이었던가.

팀장이 어떤 질문을 할지 긴장하면서 박 사원은 송 팀장을 바라본다.

"제가 올해 준법도급 진단 계획 회의를 하면서 처음에 무엇을 확인했지요?"

"작년 진단에서 문제가 되었던 부분은 무엇인지를 각 사업부별 담당자한테 질문하고 확인하셨습니다."

"네, 맞습니다. 매년 하는 진단이기 때문에 올해 계획만 세워서 진행하면 될 수는 있겠지만, 작년 진단에서 이슈가 되었던 사항을 올해 진단에서 다시 한번 확인·점검하는 것이 꼭 필요합니다. 이런 진단결과가 매년 축적되면서 과정관리가 될 때 비로소 도급 리스크 관리가 되기 때문입니다. 이 점은 앞으로 다른 업무를 하실 때에도 필요한 부분이니 꼭 기억해 주시기 바랍니다."

"네, 알겠습니다. 팀장님."

박 사원은 겉으로 봤을 때에는 웃음 많고 호탕한 송 팀장이 팀원들에게 질문을 하면서 다이어리에 미리 적어 놓은 것을 체크해 가면서 확인하는 꼼꼼함에 놀랐다. 그리고 팀 선배들도 회의 전에 작년에 했던 결과 보고서를 챙겨 와서 이야기하는 모습에 다시 한번 놀랐다. 회사는 원래 이런 곳일까? 빡빡한 팀에 들어온 걸까? 앞으로의 직장생활이 힘들지 않을까?라는 생각이 박 사원의 머릿속을 스치듯이 지나간다.

"올해 계획 보고에 가장 처음에 반영되어야 할 사항이 바로 작년 진단을 리뷰하고 시사점을 도출해서 올해는 어떻게 진행하겠다라는 방향 설정입니다. 작년 진단 때 미개선 과제가 무엇인지, 개선 중인 과제가 몇 개인지도 중요하겠지만 각 사업부별로 이슈가 되었던 사항을 올해도 점검을 하여 지속적인 과정관리가 되어야 하겠습니다."

2] 올해 중점 추진사항

"작년 리뷰는 이 정도로 하면 될 것 같습니다. 사업부, 공장 담당자별로 정리해서 이 대리에게 공유해 주시고 이 대리는 전체 정리해서 보고서에 반영하면 될 것 같습니다. 그러면 올해 진단에서는 무엇을 중점적으로 봐야 할까요? 최근 P사를 포함한 많은 불법파견 판결이 나오고 있고 또 진정, 고소 등도 많아지고 있는 상황이어서 예년과는 다르게 접근을 해야 하지 않을까 싶습니다."

송 팀장은 연 2회 준법도급 진단을 전사적으로 실시하고 있어서 도급 리스크는 어느 정도 관리가 되고 있다라고 생각하고 있었는데 최근에 굵직한 불법파견 판결이 나오고 있고 또 불법파견 진정, 고소 건이 하루가 멀다고 계속 되고 있어서 올해는 좀 더 면밀하게 진단이 필요하지 않을까라고 고민하고 있던 차다.

"윤 차장, 올해 진단은 어떤 내용에 포커싱을 맞춰야 할까요?"

"최근 들어 P사의 대법 판결도 나오고 업계의 많은 회사가 하급심이지만 불법파견 판결이 계속해서 나오고 있는 상황입니다. 판결 법리를 분석해서 진단 체크리스트를 고도화할 필요가 있을 것 같습니다."

"최근 판례 동향을 반영한 체크리스트의 최신화가 중요할 것 같아요. 기존의 판례와 다른 법리 몇 개가 보이던데 이 부분을 어떻게 반영시킬지도 고민이 되어야 하겠습니다. 또 다른 의견이 있을까요? 우리가 이번 진단에서 고민해야 할 부분이 있다면……. 네, 강 과장! 말씀하세요."

"네, 최근 노동부의 근로자파견 판단기준이 개정되었습니다. 대법원의 판결을 판단기준에 반영하여 기존 우리 진단 체크리스트와 크게 다르지 않을 것 같은데, 혹시 다른 부분이 있는지 검토해야 할 것 같습니다. 그리고 최근 개정된 근로기준법과 신규 제정된 노동법령도 같이 봐야 할 것 같고요."

"또 다른 건? 이 대리!"

"음……. 작년에 진단하지 못한 협력사도 같이 봐야겠지만 작년 말, 올해 새로 오픈한 신규사업장이 울산하고 광주에 두 군데나 있습니다. 여기도 사업장 진단 대상으로 포함해서 같이 봐야 되지 않을까 싶습니다. 작년에 진단 못한 협력사가 8개소, 올해 2개 신규사업장, 합이 10개가 되겠네요. 서준 씨를 제외하면 실제 진단에 참여하는 팀원은 4명, 2인 1조로 보더라도 1조당 5개를 돌아야 하는데…….

뜨거운 6월이 될 것 같습니다. 팀장님. 하하."

"그렇네요. 우리 막내 서준 씨도 한 조랑 현장진단을 같이 다니면서 경험을 하는 것도 좋을 것 같습니다. 이 대리는 진단 조 짤 때 반영해 주시고요."

 ## 준법도급 진단 추진계획 수립

"이 대리, 그러면 준비한 올해 준법도급 진단 추진계획을 팀원들에게 공유해 주시기 바랍니다."

이 대리가 회의실 슬라이드에 미리 준비한 파워포인트를 띄우고 세부적인 내용을 설명했다. 10장이 넘는 내용이어서 집중하기가 어려울 수도 있는데, 팀원 모두가 집중해서 설명을 들었다.

"다소 양이 많은데, 작년 점검결과를 첨부자료로 넣다 보니 많아진 것이고 메인 내용은 맨 앞 3장으로 보시면 되겠습니다. 관련해서 질문이나 의견 있으시면 말씀해 주시기 바랍니다."

"이 대리! 4월부터 준비해서 5월에 진단 체크리스트 업데이트, 6월에 현장진단, 7월에 최종 결과보고 일정인 거죠?"

"네, 팀장님. 최근 판례나 행정해석, 법률 등 개정된 사항을 체크리스트에 반영해야 하므로 한 달 넘게 사전 준비가 필요할 것 같습니다."

"6월에 현장진단을 나가면 현업부서에 부담이 되지 않을까요? 상반기 마지막 월이어서 현장에도 상반기 실적 리뷰나 관련해서 챙겨야 할 게 많을 것 같은데요? 그런 상황에서 우리까지 나간다면 현업부서에서 부담을 느끼지 않을까 싶어서요. 아, 그리고 상반기 실적 보고회가 6월 마지막 주에 있을 것 같은데 그것 준비한다고도 현업부서가 많이 바쁘지 않나요? 강 과장! 반기 실적보고회 일정이 확정되었죠?"

"네, 팀장님. 상·하반기 반기 실적보고회는 6월, 12월 각각 3주차 목요일에 하는 것으로 연간 주요 회의체 일정에 반영되어 연초에 전사에 공지되었습니다. 현업부서 KPI와 직결되는 부분이라 준비도 많이 하고, 그 시기에 현업부서들이 모두 예민하게 준비하고 있기는 합니다."

들고 있던 윤 차장이 이어서 말한다.

"팀장님, 그러면 현장진단을 5월 3주차부터 시작해서 6월 1주차에 마무리하는 게 어떨까요? 체크리스트 업데이트 기간이 얼마 걸릴지는 아직 모르지만 최대한 빨리 준비해서 6월 초에 현장진단을 마무리하는 것으로 하면 현업부서가 반기 실적 공유회를 준비하는데 어느 정도는 배려할 수 있을 것 같습니다."

"그러면 사업부별로 현장진단을 5월 말부터 늦어도 6월 초까지 완료할 수 있도록 일정협의를 해주시기 바랍니다. 진단 조는 어떻게 편성하는 것이 좋을까요? 정 대리, 생각해 본 게 있나요?"

"네, 팀장님. 이 대리가 이야기한 대로 개인별로 담당하고 있는 사업부를 2인 1조가 되어 진단하는 게 좋을 것 같습니다. 혼자 가서 진단을 할 수도 있지만, 2명이 가서 서류 심사하고 인터뷰하고 체크리스트로 현장을 직접 보고 진단을 한다면 하루에 1개 사업장은 충분히 가능할 것 같습니다."

"네, 저도 같은 생각입니다. 윤 차장하고 이 대리가 한 팀, 강 과장하고 정 대리 그리고 박 사원이 한 팀이 되어 진단을 합시다. 윤 차장은 경력이 있지만 그래도 입사한지 얼마되지 않았기 때문에 경험 많은 이 대리가 서포트 해주면서 같이 보면 될 것 같고, 강 과장이 정 대리와 함께 서준 씨를 OJT한다는 개념으로 같이 진단나가서 업무도 가르쳐 주고 현장을 보고 오도록 합시다."

"그러면 우리가 현장진단을 나가야 할 사업장이 총 몇 군데라고 했죠?"

"총 10군데입니다. 작년에 보지 못했던 8개 협력업체, 작년 말부터 올 초까지 신규 오픈한 사업장 2개까지 포함해서 총 10군데입니다. 조별 팀원 구성에 따라 담당 사업부별 점검 사업장을 본다면 조당 5군데씩 진단하면 될 것 같습니다."

"좋습니다. 하루에 1개 사업장씩 보면 총 5일, 사업장 현장진단 후 결과 정리하는데 2~3일, 거의 4~5주 걸리는 작업이네요. 또 사업장이 전부 지방에 있는 관계로 왔다 갔다 출장거리도 만만찮을 것 같고요. 한 달간의 강행군이 될 거니까 미리미리 건강관리해 주시고, 다른 업무도 협의해서 조정하도록 합시다."

 ## 진단 체크리스트 준비

"그럼 이제 대략적인 추진계획은 정리가 된 듯합니다. 진단 사전 준비에서 가장 핵심인 체크리스트 업데이트가 남았네요. 음, 박 사원! 서준 씨가 생각할 때 진단 체크리스트는 어떻게 만들어질 것 같아요?"

"음, 뭐 노동부나 이런 곳에서 나오는 점검표가 있을 것 같습니다. 그것을 활용할 것 같고. 또 좀 전에 업데이트를 해야 한다고 말씀하신 걸로 봐서는 최근 트렌드나 동향을 반영해야 하기 때문에……. 아, 최신 판례? 뭐 이런 것도 반영할 것 같습니다."

"오, 대단합니다. 신입사원이 아닌 것 같은데요? 네, 맞습니다. 기본적으로는 대법원 판례에서 언급된 판단기준을 가지고 점검한다고 보시면 됩니다. 노동부나 다른 기관에서 나온 점검표도 대동소이 하고요. 하지만 불법파견 판결이 시간이 지나면서 계속 진화하고 있기 때문에, 즉 사안별로 사실관계가 다르고 그에 따라 법원의 판단도 달라지기 때문에 그것을 반영해야 됩니다. 보수적으로 보면 볼수록 우리 사업장에는 그런 리스크가 발생할 가능성이 낮아지기 때문에 최신 판례를 최대한 많이 반영해야 하고요. 이 대리! 반영해야 할 최신 판례가 대략 몇 개 정도 되나요?"

"세부적으로 보지는 못했으나 작년 하반기부터 올 초까지 판례들이 대법, 하급심 가릴 것 없이 많이 나와서 대략 열대여섯 개 내외가 되지 않을까 싶습니다. 우리와 같은 동종업계 사례는 4~5개 정도 인데, 타 업종에서 나온 대법 판례도 같이 봐야 하기 때문에 검토할 판례 개수는 좀 될 것 같습니다."

"팀원 개인별로 3~4개씩 배분해서 검토하고 체크리스트 업데이트 하면 될 것 같네요. 대략 얼마나 시간이 필요할까요? 1주? 2주?"

"팀장님, 저희를 너무 과대평가 하시는 게 아니신지요? 하하. 팀원 개인별로 다른 업무도 있기 때문에 하급심 같은 경우에는 그 판례만 보면 되는데, 대법이나 상급심의 경우는 하급심 판례까지 같이 봐야 해서 1주일에 1개 판례 정도면 적당할 것 같습니다. 검토하고 체크리스트 반영하는 것까지 하면요."

"그러면 3주 정도 걸리겠네요. 팀원 전체 다 취합해서 확정하는 데까지. 4월 마지막 주부터는 판례 검토 들어가야지 5월 마지막 주부터 현장진단을 나갈 수 있으니까. 판례 검토하면서 각자 나갈 사업장 현업부서와 일정조율까지 해야 하기 때문에 상당히 빡빡한 일정이 되겠네요."

"네, 팀장님. 팀 공유폴더에 체크리스트 올려놓고 각자 검토한 부분 실시간 반영할 수 있게 준비하겠습니다. 그리고 사업장별 현장진단 일정 역시 현업부서와 협의 후, 확정되는 대로 기재할 수 있게 준비해서 팀장님이나 팀원들이 들어와서 확인할 수 있도록 같이 준비하겠습니다."

"그래요, 이 대리. 그렇게 준비해 주시면 저나 팀원들이 모두 진행 상황을 체크할 수 있기 때문에 좋을 것 같습니다."

"팀장님! 질문 있습니다."

"네, 서준 씨. 말씀하세요."

"체크리스트에 최신 판례를 반영해서 업데이트한다는 것은 이해가 됩니다. 그런데 구체적으로 어떻게 반영한다는 것인지 모르겠습니다. 판례의 어떤 부분을 어떻게 체크리스트에 반영시키는지……."

"아, 우리 막내 서준 씨가 열의가 대단한데요? 하하. 정 대리! 진단 체크리스트에 대해서는 아직 OJT를 안 했나요?"

"네, 팀장님. 다음 주제 OJT 교육에 반영되어 있습니다. 진단 체크리스트에 대해서 소개하고 진단하는 방법까지 교육할 예정입니다. 이때 진단 체크리스트 업데이트 방법도 같이 설명하도록 하겠습니다."

5 현장진단

"진단 체크리스트까지 준비가 다 되면 현업부서와 협의된 일정에 사업장에 나가 현장진단을 하게 되는데, 현장진단할 때 보통 1박 2일로 출장을 가잖아요. 진단하는데 시간이 좀 부족하지는 않았나요? 강 과장이 봤을 때는 어때요?"

"대부분 사업장이 지방에 있다 보니 진단을 나가면 1일 차 오전에 이동해서 1일 차 오후, 2일 차 오전까지 실제로 진단할 수 있는 시간이 8시간에서 10시간 정도입니다. 보통 1일 차에 서류점검, 인터뷰를 하면서 업무프로세스를 확인하고 2일 차에 체크리스트를 가지고 실제 현장에 가서 점검하고 점검결과를 간략하게 정리하고 마무리하면 진단하는 데는 큰 문제는 없었습니다. 또 혼자서 그 시간에 진단하면 좀 빠듯한데 2인 1조로 현장진단을 하면 그 시간 내에 충분히 1개 사업장은 완료할 수 있었습니다."

"조별로 팀원 간에 업무분장이 중요하겠군요. 개인별로 무엇을 할 것인지를 사전에 정한 후에 사업장 진단을 나가야겠습니다. 그럼 윤 차장, 윤 차장이 봤을 때 현장진단을 하면서 가장 중요한 게 무엇이던가요?"

"현장진단에서 가장 중요했던 것은 업무프로세스에 대한 이해였습니다. 협력업체와 당사가 어떤 프로세스를 따라 업무가 이루어지는

지를 알아야지만 도급 리스크에 대해서 확인하고 판단할 수 있기 때문입니다. 아직 회사 온 지가 얼마 되지 않아서 이 부분에 대한 이해에 많은 시간이 걸립니다. 하지만 업무프로세스에 대해서 정확한 이해가 없으면 진단이 될 수 없기 때문에 사전에 업무프로세스를 이해하려고 노력하고 있습니다."

"업무프로세스를 이해하기 위해서 어떻게 하셨나요? 현업담당자에게 말로만 들어서는 이해되지 않는 건. 물론 현업담당자와 미팅을 통해서 이해할 수 있는 부분도 있겠지만."

"저는 팀에서 진단 전에 현업부서에 요청해서 받는 업무 공정도를 유심히 살펴보고 이해하려고 노력했습니다. 협력업체와 당사가 수행하는 업무가 장소적으로 그리고 직무별로 어떻게 구분되는지를 먼저 확인했습니다. 그리고 수행하는 인원이 몇 명인지, 세부적인 업무가 당사나 협력사 어떻게 되는지 확인한 후, 그 작업이 어떻게 이루어지는지를 봤습니다. 이 부분이 바로 당사와 협력사의 접점이어서 도급 리스크가 발생할 수 있는 부분이라 면밀히 들여다보았습니다."

"맞습니다. 윤 차장이 정확하게 보셨고 이해하신 것 같네요. 업무 공정도를 바탕으로 업무프로세스에 대한 이해가 바로 현장진단의 처음이자 마지막입니다. 업무를 모르면 진단을 못하니까요. 당연한 겁니다. 특히 신규사업장의 경우에는 우리가 처음 진단하고 들여다보기 때문에 업무절차에 대한 이해가 가장 중요하다고 할 수 있겠습니다. 조별로 신규 사업장의 경우에는 사전에 업무프로세스에 대해서 이해를 하고 현장진단을 나가야 하겠습니다. 또 추가로 확인해야 할 사항은 없을까요? 이 대리?"

"팀장님, 보통 진단 나가기 전에 현업부서와 협력사에서 준비해야 할 서류목록을 보내드리고 요청하는데, 실제 진단을 나가보면 몇 가지는 빠져 있는 경우가 있습니다. 일정에 쫓기다 보면 실제 현장에서 확인을 못하고 별도로 메일로 요청하는 경우가 있습니다. 이 부분에 대해서는 마지막에 결과 정리할 때 꼭 확인해야겠습니다. 재작년 진단할 때 재요청한 서류를 반영하지 못한 것을 작년 진단 때 확인을 했거든요. 팀원분들도 이 점을 진단하실 때 참고하시면 좋을 것 같습니다."

"주어진 기간 내에 많은 사업장을 돌면서 진단을 해야 하기 때문에 놓칠 수 있는 부분이 있을 것 같습니다. 현장에서 직접 확인하는 것이 베스트이고, 그렇지 못할 경우 결과 정리할 때에는 꼭 챙겨서 확인할 수 있도록 합시다. 그리고 또? 정 대리! 손 드실 필요 없고 앞사람 끝나면 편하게 이야기하시면 됩니다."

"네, 알겠습니다. 작년 진단 때 나가서 보니까 사업장별로 확인해야 할 사항을 인터뷰 항목에 미리 반영시켜서 구체화하는 게 중요한 것 같더라고요. 표준 인터뷰 문항을 가지고 나가서 인터뷰를 하려고 보니까 사업장 협력사에 확인해야 할 사항이 빠져 있어서 다시 화상으로 인터뷰를 했던 기억이 납니다. 표준 인터뷰 문항을 기본으로 하되 업무프로세스를 이해하면서 추가적으로 확인해야 할 부분을 미리 반영시키는 게 중요할 것 같습니다. 또 협력사 인터뷰뿐만 아니라 우리 현업부서 담당자와의 인터뷰를 별도로 실시해서 같은 사항에 대해서 크로스 체크하는 것도 사실관계 확인 측면에서는 꼭 진행해야 할 부분입니다. 협력사와 당사에서의 업무 접점에서 실제로 어떻게 업무가 이루어지고 있느냐에 대해서는 한쪽 이야기만 듣는 게 아니라 우리 쪽 그리고 협력사 쪽에서도 같은 업무 접점에서 업무가 어떻게 이루어지고 있는지 상호 확인이 필요하기 때문입니다."

"맞습니다. 체크리스트가 고도화·정교화 되더라도 그것을 실제 현장에서 어떻게 이루어지는지는 인터뷰를 통해 확인될 수 있기 때문에 정 대리가 방금 말한 부분은 우리 모두가 유념해야 할 부분입니다."

 6 결과 보고서 작성 보고 및 공유

"올해 준법도급 진단 전체 과정을 팀원들과 리뷰해 보았습니다. 제가 자리에 앉아서 생각하고 고민해서 업무 지시를 할 수도 있지만 팀원들과 이야기하면서 중요하게 챙겨야 할 부분, 놓쳐서는 안 될 부분 등을 크로스 체크하니까 더욱 내실 있게 진단을 준비할 수 있었던 것 같네요. 이 대리, 그러면 최종보고서는 어떤 형식으로 작성해서 보고드릴 계획인가요?"

"장표 구성은 ① 전년도 리뷰 및 시사점 도출, ② 올해 중점 추진 사항, ③ 일정, 추진조 편성, 진단 대상 사업부 등이 포함된 진단 추진 계획, ④ 진단 체크리스트 반영 사항, ⑤ 현장진단 일정을 순서대로 반영 예정이고요. 각 사업장 결과를 판단기준에 따른 정량적 수치와 함께 ⑥ 개선과제 형태로 정리하려고 합니다."

"가장 중요한 것은 어떤 부분이 무슨 이유로 리스크가 있고 이것을 개선하기 위해서는 무엇을 어떻게 해야 하는지 여러 개의 실행 가능한 개선방안을 제시하여 현업부서에서 개선하는데 실질적인 도움이 될 수 있도록 해야 한다는 것입니다. 단순히 '점검해 보니 이점 이점을 개선하세요.'라는 이야기는 누구나 다 할 수 있습니다. 우리는 실질적인 개선이 될 수 있도록 적용 가능한 솔루션을 제시하여 현업부서에서 직접 개선할 수 있도록 지원해야 하겠습니다. 이 점을 팀원 각자가 맡은 사업부 및 사업장별 진단결과 작성 때 꼭 반영해 주시기 바랍니다. 그리고 이 대리, 결과 공유회는 어떤 방식으로 할 예정이죠? 현장진단 마치고 바로 그 자리에서 대략적인 결과와 개선 필요사항에 대해서는 설명을 해주겠지만, 전체 내용을 정리해서 각 조직별로 공식적으로 피드백 드리는 자리가 필요할 것 같은데요."

"네, 팀장님. 최종결과 보고서를 저희 실장님과 사장님께 내부 보고를 완료한 후에 각 사업부별로 해당 사업장을 담당하는 생산 실장님, 현업팀장 그리고 실무자를 대상으로 1주일간 공유회를 실시할 예정입니다. 각 사업장 진단을 실시한 저희 팀원들이 담당 사업부 공유회 때 발표하도록 하겠습니다."

"공유회 때 보니까 현업부서에서는 문제가 된 점을 우리가 피드백 하면 '그것을 어떻게 하면 되는데?'라는 궁금증을 많이 갖고 계시더라고요. 그래서 앞에서 말씀드린 것처럼 실제로 문제해결 솔루션을 다양하게 제시해서 현업의 궁금증을 해소하는데 도움을 드려야 하겠습니다."

7 사후관리

"서준 씨! 오늘 회의 때 올해 준법도급 진단 계획에 대해서 전년도 진단 리뷰부터 결과보고 및 공유회까지 전체적으로 훑어 봤는데요, 이렇게 하면 우리가 올해 진단을 잘 할 수 있을까요?"

"네, 팀장님. 작년 리뷰해서 시사점을 도출해서 올해 계획에 반영하고 체크리스트도 최신화해서 신규사업장까지 진단하고 결과보고까지 현업과 공유하게 되면 올해 준법도급 진단은 잘 될 것 같습니다."

"네, 좋습니다. 팀장이 하나만 더 여러분들께 말씀드리고 싶은 게 있어요. 바로 사후관리입니다. 우리가 진단하고 결과를 알려드리고 '개선과제는 무엇이다.', '솔루션은 이런 게 예시가 될 수 있다.' 등을 현업부서와 공유만 해서 끝낼 것이 아니라, 과연 이 개선과제들이 잘 진행이 되고 있는지, 진행하는 과정에서 애로사항은 없는지, 또 그와 관련해서 법률자문이나 기타 지원할 부분은 없는지에 대해서도 계속적으로 사후관리가 필요합니다. '개선과제 도출해서 던져주면 현업에서 하겠지?'라고 한다면 안일한 생각인 것 같아요. 우리 팀 고유 업무인 만큼 그 개선과제가 잘 이행되어서 궁극적으로는 우리 명송의 도급 리스크를 낮출 수 있도록 우리가 사후관리로 잘 챙겨야 하겠습니다. 내년도에 올해 개선과제 이행 여부를 확인하는 것도 중요하지만 그것이 계속 추진되고 있는지, 현업부서에서는 의지를 가지고 추진하는지 등을 연중 확인하고 필요한 사항에 대해서는 지원하는 태도가 필요합니다."

"오늘 장시간 동안 올해 준법도급 진단의 처음부터 끝까지 팀원 분들과 함께 리뷰하는 시간을 가졌습니다. 계획된 일정대로 잘 준비해서 준법도급 진단을 잘 진행하도록 합시다. 회의는 이것으로 마치겠습니다. 장시간 동안 수고 많으셨습니다."

"수고하셨습니다."

준법도급 진단 준비절차 및 준비사항

No.	절차	준비사항
1	전년도 진단 리뷰 및 시사점 도출	전년도 진단결과 및 이슈사항 올해 추가확인 필요사항 등
2	올해 중점 추진사항	최신 판례, 법 개정사항, 신규 진단대상 등
3	준법도급 진단 추진계획 수립	• 진단일정: 사업장 등 현업일정 고려 • 점검조 편성: 경력/신입 등 직무 경험 반영 • 진단대상: 전사 조직 선정
4	진단 체크리스트 준비	최신 판례, 법률 등 개정사항 반영
5	현장진단	일정협의, 서류점검, 인터뷰, 체크리스트 기반 현장집중점검, 고충애로사항 청취 등
6	결과 보고서 작성/보고 및 공유	경영진 내부보고, 유관부서 결과 공유
7	사후관리	개선과제 이행과정 관리/지원

4
Solution

진단 체크리스트는
어떻게 만들어야 할까?

굿바이 불법파견
헬로우 준법도급

사내노무사인 기업 현직 팀장이 직접 쓴
불법파견 리스크 예방을 위한 7가지 솔루션

4 Solution 진단 체크리스트는 어떻게 만들어야 할까?

　준법도급 진단 추진계획을 수립한 상생협력팀은 팀원별로 각자가 담당하는 사업부 현업부서와 현장진단 일정을 조율함과 동시에 최신 판례를 진단 체크리스트에 반영하는 작업을 하고 있다. 팀 막내인 박 사원은 준법도급 진단을 위해서 바쁘게 돌아가는 선배들을 보고 놀랄 따름이다. 현업과 협의하고 각자가 담당하는 부분의 체크리스트 업데이트도 하면서 또 다른 업무까지 챙기는 것을 보면서 선배들이 참 대단하다는 생각이 들면서, 과연 나도 저렇게 일을 할 수 있을까 라는 걱정이 들기도 한다.

"서준 씨!"

"네, 정 대리님!"

"이번 주는 OJT 교육이 저인데, 점심 먹고 오후에 시간 어떠세요? 13시부터 두세 시간 정도면 될 것 같아요."

"네, 선배님. 시간 괜찮습니다."

"그러면 점심 먹고 13시에 회의실에서 봅시다. 자료는 미리 메일로 공유한 파일 중에 진단 체크리스트 관련 자료를 보시고 오면 되겠습니다. 프린트하실 필요는 없고요. 한번 읽어 보시고 궁금한 사항 미리 체크해 오시면 교육 중에 답변드릴게요."

"네, 대리님."

13시. 상생협력팀 회의실

어제 신입 동기들과 회식을 하면서 소주를 좀 마셔서 그런지, 점심 먹고 난 직후라 그런지 박사원은 많이 피곤하다. 하지만 오늘 OJT 교육이 준법도급 진단에서 가장 중요한 진단 체크리스트에 관한 내용이어서 집중해서 듣기 위해 사내 카페에서 아이스아메리카노를 사서 회의실로 오는 참이었다.

"서준 씨! 식사 맛있게 하셨어요?"

"네, 대리님. 구내식당 A코스에 전주 콩나물 해장국이 나와서 맛있게 먹었습니다. 어제 동기들하고 저녁에 술 한 잔 했는데 제대로 해장을 한 것 같습니다. 하하."

"잘했네요. 서준 씨, 그런데 어제 술을 마셔서 좀 많이 피곤할 것 같은데요. 오늘 내용이 준법도급 진단에서 가장 중요하다고 할 수 있는 체크리스트와 관련된 내용이거든요. 잘 들으셔야 됩니다. 이것을 잘 알아야지만 도급 진단할 때 어떤 기준으로 현장을 봐야 하는지, 그 기준은 어떻게 나왔는지, 또 최신 판례는 어떻게 체크리스트에 반영하는지에 대해서 이해하실 수 있고 또 수습 마치시면 팀 업무를 본격적으로 하게 될 텐데 그때 업무하는데 더 필요한 부분이기 때문에 오늘 수업을 잘 들으셔야겠습니다."

"네, 대리님. 수업을 못 들을 정도는 아닙니다. 커피 마시면서 집중해서 잘 들도록 하겠습니다."

"그럼 서준 씨, 진단 체크리스트가 무엇이라고 생각해요?"

"준법도급 진단 때 확인하는 점검표라고 생각합니다. 점검항목 별로 도급 리스크 여부를 체크할 수 있는 그런 게 아닐까 싶습니다."

"네, 맞습니다. 지난 OJT 때 들으셨을 것 같은데, 고용노동부에서도 '19년도 말에 근로자파견의 판단기준에 관한 지침을 개정했습니다. 기존에는 대법원 판단 법리와 고용노동부 지침이 상이했는데 대법원 판례 법리를 지침에 반영해서 개정한 것입니다. 우리 진단 체크리스트는 이런 고용노동부 판단기준을 중심으로 관련 사례와 판결을 분석한 후 그 분석결과를 반영시킨 고도화된 도급진단 점검표라고 보시면 되겠습니다."

 ## 근로자파견에 관한 대법원의 판단기준

"그러면 대리님, 고용노동부 판단기준과 대법원 판례를 기반으로 체크리스트가 구성된다고 하셨는데 그것이 무엇인지 궁금합니다."

"아, 노동부 판단기준은 OJT 둘째 날에 이 대리님께 교육받으신 불법파견 판단기준이 바로 고용노동부의 근로자파견 판단기준에 관한 지침입니다. 관련된 내용은 그 자료를 한 번 더 보시면 되겠습니다. 그러면 대법원 판례를 설명해 드릴게요. 2015년 대법원에서는 불법파견의 세부 판단기준을 다음과 같이 제시했어요."

> 근로자파견에 해당하는지는 당사자가 붙인 계약 명칭이나 형식에 구애될 것이 아니라 ① 제3자가 당해 근로자에 대하여 직·간접적으로 그 업무수행 자체에 관한 구속력 있는 지시를 하는 등 상당한 지휘·명령을 하는지, ② 당해 근로자가 제3자 소속 근로자와 하나의 작업집단으로 구성되어 직접 공동 작업을 하는 등 제3자의 사업에 실질적으로 편입되었다고 볼 수 있는지, ③ 원고용주가 작업에 투입될 근로자의 선발이나 근로자의 수, 교육 및 훈련, 작업·휴게시간, 휴가, 근무태도 점검 등에 관한 결정 권한을 독자적으로 행사하는지, ④ 계약의 목적이 구체적으로 범위가 한정된 업무의 이행으로

확정되고 당해 근로자가 맡은 업무가 제3자 소속 근로자의 업무와 구별되며 그러한 업무에 전문성·기술성이 있는지, ⑤ 원고용주가 계약의 목적을 달성하기 위하여 필요한 독립적 기업조직이나 설비를 갖추고 있는지 등의 요소를 바탕으로 그 근로관계의 실질에 따라 판단하여야 한다.[62]

"입사하고 나서 법원 판결문을 처음 봐서 그런지 많이 낯설고 새롭습니다. 대리님."

"맞아요. 법대생이거나 관심 있는 경우가 아니고서는 대학교 다닐 때 이런 법원 판결문을 보기가 쉽지 않지요. 서준 씨 같은 경우는 어학을 전공해서 더더욱 그럴 것이고요. 하지만, 우리 팀 업무에는 꼭 필요한 부분이니까 하나씩 차근히 보면서 친해져야 될 거예요. 지난 시간에 불법파견 판단기준에 대해서 간략히 살펴보았을 텐데, 준법도급 진단 업무에서 중요한 부분이기도 하고 진단 체크리스트가 이 판단기준을 기반으로 구성되기 때문에 다시 한번 더 설명해 드리겠습니다."

"네, 대리님."

---

62 대법원 2015. 2. 26. 선고 2010다106436 판결

(1) 업무상 상당한 지휘·명령을 하는지 여부

"첫 번째 기준은 원청의 상당한 지휘·명령입니다. 원청이 협력업체 근로자에 대하여 직·간접적으로 그 업무수행 자체에 관한 구속력 있는 지시를 하는 등 상당한 지휘·명령을 하는지를 보는 것입니다. 원청에서 사내협력업체 소속 근로자에 대한 일반적인 작업 배치권과 변경 결정권을 가지고 사내협력업체 소속 근로자가 수행할 작업량과 작업방법, 작업순서, 작업속도, 작업장소, 작업시간을 결정했을 때 원청의 상당한 지휘·명령을 인정하게 됩니다. 그리고 사내협력업체 소속 현장관리인이 소속 근로자에게 원청에서 결정한 사항을 전달한 것에 불과하거나 그 지휘·명령이 원청에 의해서 통제 되었을 때도 원청의 지휘·명령이 인정됩니다. 이 기준은 법원이 불법파견 판단 시 가장 중요하게 보는 지표이기도 합니다."[63]

"협력업체 현장대리인이 소속 근로자에게 지휘·명령을 하였는데도 원청의 지휘·명령이 인정되는 건가요?"

"네, 현장대리인이 원청에서 요청한 내용과 동일하게 그대로 전달했을 때 인정이 되는 겁니다. 예를 들면, 원청에서 'A라는 작업을 언제까지 해주세요.'라고 현장대리인에게 요청을 했다면 현장대리인은 A라는 작업을 요청시간까지 하기 위해서 소요시간을 판단해서 협력업체의 인원과 설비 등을 고려한 후, 협력업체의 B와 C 직원에게 언제까지 어떤 설비를 사용해서 일을 하라고 지시를 해야지

---

[63] 권혁, 「도급과 파견의 구별에 관한 최신 판례법리 재검토」, 월간 노동법률, 2022년 3월호

원청의 지휘·명령이 아닌 협력업체의 작업지시로 받아들여지게 되는 겁니다."

"원청의 도급업무 이행 요청에 협력업체의 자체 판단을 통해서 도급업무 이행을 위한 작업지시가 재생산되어야 한다는 이야기죠?"

"맞습니다. 정확히 이해하셨어요."

(2) 원청 등의 사업으로 실질적 편입 여부

"이어서 두 번째 기준은 당해 근로자가 제3자 소속 근로자와 하나의 작업집단으로 구성되어 직접 공동 작업을 하는 등 원청 사업체에 실질적으로 편입이 되었는지 여부입니다. 사내협력업체 근로자가 원청 근로자와 같은 조에 배치되어 동일한 업무를 수행하였거나, 원청 근로자가 교육이나 휴가 등으로 결원이 발생한 경우 협력업체 근로자로 하여금 결원이 대체되었을 때 협력사가 원청의 사업에 실질적으로 편입되었다고 봅니다. 하나의 작업집단 여부는 조직 편제 상 원청 근로자와 협력업체 근로자가 분리되었는지를 보는데 원청 직원과 하나의 조, 반에 매칭시켜서 구성하거나 같은 비상연락망 조직도에 포함되어 표시되어 있으면 하나의 작업집단으로 판단될 가능성이 높습니다. 장소적으로 동일 장소에서 근무할 경우, 업무 내용과 업무 수행 결과물의 구분이 모호할 경우에 원청과 하청이 공동 작업을 했다고 판단될 가능성이 높습니다. 이 기준은 첫 번째 기준인 업무상 상당한 지휘·명령 여부와 함께 법원에서 불법파견 판단 시에 중요하게 보는 지표이기도 합니다."

"원청과 하청 근로자는 하나의 작업집단이 되어서는 안 되고 공동 작업을 해서도 안 되는 거네요."

"네, 맞습니다. 원청은 원청의 업무를, 하청은 하청의 업무를 해야 되는 것이 도급의 기본이기 때문입니다. 사실 현장을 가보면 아시겠지만 이것이 칼로 무 자르듯이 명확하게 구분이 안 되는 경우가 많거든요. 그렇기 때문에 준법도급 진단을 할 때에는 판례에서 말하는 이 기준을 기억하면서 사실관계를 유심히 살펴봐야 하겠습니다."

"네, 이해했습니다. 대리님."

(3) 인사노무 관련 결정·관리 권한을 행사하는지 여부

"그럼 세 번째 판단기준을 설명해 드릴게요. 협력업체의 인사 노무 관리상의 독자성입니다. 협력업체가 작업에 투입될 근로자의 선발이나 근로자의 수, 교육 및 훈련, 작업·휴게시간, 휴가, 근무 태도 점검 등에 관한 결정권한을 독자적으로 행사하는지를 판단합니다. 근태관리나 근로조건에 대한 결정을 협력업체에서 결정해야지 원청에서 하면 불법파견으로 보게 됩니다. 만약에 인사노무와 관련한 협력업체의 역할이 한정된다면 원청의 노무 관리대행 기관으로 평가받을 수 있기 때문에 유의해야 합니다. 재판부는 사내협력업체 소속 근로자의 휴게시간, 연장 및 야간근로, 교대제 운영 등을 원청에서 결정하고 그들의 근태상황을 파악하는 등 원청에서 사내협력업체 근로자들을 실질적으로 관리하여 온 점을 불법파견에 해당하는 징표로 판단했습니다."

"하청업체에서 휴게 · 휴가 · 작업시간, 채용부터 퇴직까지 일어나는 모든 인사노무에 대한 결정권을 가지고 운영해야 한다는 말씀이시죠?"

"맞습니다. 서준 씨, 정확히 이해하셨어요."

"원청과 협력업체는 다른 회사인데 채용이나 작업시간이나 이런 것들은 협력업체에서 당연히 해야 되는 것 같은데, 현실은 또 그렇지 않나 보네요. 직접 현장에서 확인해봐야 할 것 같습니다."

"네, 이번 진단할 때 한번 같이 보시면 왜 이 부분이 문제가 되는지를 알 수 있을 거예요."

(4) 계약 목적의 확정, 업무의 구별, 전문성 · 기술성 보유 여부

"네 번째 판단기준 보겠습니다. 네 번째 판단기준은 도급계약의 적절성입니다. 계약의 목적이 구체적으로 범위가 한정된 업무의 이행으로 확정되고 협력업체 근로자가 맡은 업무가 원청 소속 근로자의 업무와 구별되며 그러한 업무에 전문성 · 기술성이 있는지를 판단하는 것입니다. 법원은 사내협력업체가 도급받은 업무 중 일부는 원청 근로자 업무와 동일하여 명확하게 구분되지 않는 점, 사내협력업체의 고유하고 특유한 업무가 별도로 있는 것이 아니라 원청의 필요에 따라 사내협력업체의 업무가 구체적으로 결정된 점, 사내협력업체 소속 근로자의 업무는 원청이 미리 작성하여 교부한 각종 조립작업 지시표 등에 의해서 동일한 작업을 단순 반복하는 것으로 사내협력업체의 전문적인 기술이나 근로자의 숙련도가 요구되지 않는다는 점 등이 불법파견에 해당된다고 판단하였습니다."

"원·하청 간의 업무 간 구별성, 도급받은 업무를 수행하기 위한 협력업체의 전문성과 기술성 보유 여부가 네 번째 기준의 키워드 이군요."

"서준 씨, 신입사원 같지 않은데요? 미리 공부를 많이 하신 거예요? 하하. 네, 맞습니다."

5) 계약목적을 달성하기 위해 필요한 기업조직·설비 등의 보유 여부

"마지막 다섯 번째 기준은 협력사의 사업경영상의 독립성입니다. 협력업체가 계약의 목적을 달성하기 위하여 필요한 독립적 기업조직이나 설비를 갖추고 있는지를 판단하는 겁니다. 판례에서는 명확한 구체적인 사실관계를 언급하지는 않았으나 사내협력업체의 소속 근로자의 업무에 사내협력업체의 고유한 기술이나 자본이 투입되지 않아서 협력업체의 사업경영상 독립성이 부정된다고 보고 있습니다. 독립적인 기업조직의 여부, 설비·장비 등에 대한 투자 여부 등이 판단근거가 될 수 있습니다."

"사실 대부분의 협력업체가 영세하기 때문에 설비, 장비에 대규모 투자 등은 좀 어려울 것 같긴 합니다."

"맞아요. 법원에서는 관련 법률에 근거해서 판단을 하기 때문에 도급은 일의 완성의 대가를 받는 것이고 파견은 실질적인 작업지시, 지휘·명령을 받아 업무를 하는 것이기 때문에 일의 완성을 위해서는 협력사에 의한 투자 등이 있어야지 실질적인 도급이라고 보고 있는 것이죠."

"대리님, 어렵습니다. 5가지 기준을 하나씩 설명해 주셔서 잘 듣기는 했는데, 과연 이것을 기반으로 제가 현장에 나가서 그 부분이 무엇인지 어떤 점을 봐야 되는지 자신이 없습니다."

"하하. 서준 씨, 당연합니다. 신입사원이잖아요. 아무것도 모르는 게 당연한 겁니다. 서준 씨한테 지금 필요한 것은 이 기준이 준법도급 진단을 할 때 필요한 부분이라는 것을 기억하는 것과 그것을 위해서 열심히 공부하는 것, 딱 그 2가지입니다. 그렇게 공부하시면 이해도도 높아지고 또 몇 번 현장진단을 해보시면 어떤 건지 충분히 아실 테니 걱정은 마시고요."

"네, 알겠습니다. 대리님, 고맙습니다. 용기를 주셔서요."

2 정량적 진단Tool 개발

"서준 씨, 세부 점검기준인 진단 체크리스트를 살펴보기에 앞서서 먼저 불법파견 판단을 위한 정량적 진단Tool에 대해 설명해 드릴 게요."

"정량적 진단Tool이요?"

"네. 불법파견, 적법한 사내하도급이 법규에 명시적으로 나와 있는 게 아니고 파견법과 민법상에 나와 있는 법률을 기반으로 각각의 사실관계를 통해서 종합적인 판단이 이루어지기 때문에 정량적 진단 Tool이 필요합니다. 또한 사건별로 사실관계가 다 달라서 법원도 사건별로 다른 판단을 내리고 있거든요. 그래서 기업에서는 우리 회사의 불법파견 리스크는 얼마나 되는지, 어떤 부분이 취약한 것인 지를 종합적이고 객관적으로 누구나 봐도 쉽게 이해할 수 있는 정량적 이고 시각적인 Tool이 필요한 것입니다."

"누구나 쉽게 이해할 수 있는 정량적이고 시각적인 틀을 만들어야 한다."

"네. 저희가 진단을 해서 결과를 경영진에 보고드릴 때마다 항상 '우리는 불법파견 리스크가 얼마나 있는 거야? 문제 있는 거야? 무엇을 해야 되는 거야?' 등등의 질문을 하십니다. 그렇기 때문에 경영진에게 리스크에 대해서 쉽게 이해시켜 드리기 위해서는 정량적이고 시각적인 진단 Tool이 필요합니다. 그리고 현업부서에 관련 결과를 설명할 때도 마찬가지입니다. '리스크가 이 정도 수준이니 매우 위험하다. 그렇기 때문에 개선이 필요하다. 개선하는 방법은 이런 것들이 있다.' 라는 방식으로 설득을 해야 하거든요. 경영진과 현업부서의 이해와 설득을 위해서는 정량적인 진단 Tool이 꼭 필요합니다."

◣ 정량적 진단Tool 수립 절차

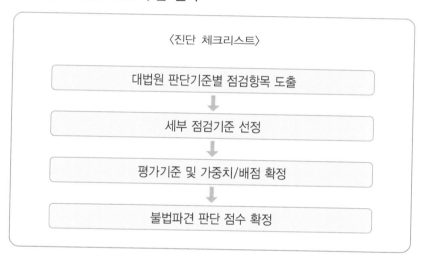

〈진단 체크리스트〉

대법원 판단기준별 점검항목 도출

세부 점검기준 선정

평가기준 및 가중치/배점 확정

불법파견 판단 점수 확정

(1) 대법원 판단기준별 점검항목 도출

"그럼 그 진단Tool은 어떻게 만드는 건가요?"

"먼저 기초가 되는 것은 2015년 대법원에서 판시한 판단기준 5가지 입니다. 최근 10년 동안의 동종업계의 불법파견 판례, 법원에서 판단 할 때 참조가 많이 되는 판례(이하 리딩 판례)와 함께 최신 판례를 분석하여 5가지 판단기준에 해당하는 '점검항목'을 도출합니다."

"'점검항목'이요? 어떻게 도출하는 건가요?"

"최근 10개년 판례와 최신 판례를 분석해서 판결 시에 대법원의 5가지 기준에 해당하는 판단지표로 많이 사용된 것을 '점검항목'으로 선정합니다. 예를 들어, 대법원 5가지 기준 중 첫 번째인 '업무상 상당한 지휘·명령'에서 10개년 판례를 분석해 보니 업무지시가 판단지표로 많이 사용되었다면 바로 업무지시가 '점검항목'이 되는 겁니다. 법원은 사건의 사실관계를 기반으로 불법파견을 판단하기 때문에 사건별로 각각의 사실관계가 전부 달라서 판단지표도 다르다고 보시면 됩니다. 그렇기 때문에 어떤 판단지표를 사용하는지에 대해서 확인을 하고 많이 언급된 판단지표를 주요 '점검항목'으로 선정합니다. 대법원 판례의 판결 이유에 보시면 불법파견인지 적법한 도급인지를 판단하는 이유가 나오는데요, 여기서 바로 '점검항목'을 선정하는 것입니다."

"여러 판례의 판결 이유에서 많이 언급된 것을 주요 '점검항목'으로 하는 거군요."

"네. 몇 번 언급되지 않은 것도 판결에서 사용된 판단지표라면 전부 다 볼 수도 있지만, 재판부도 판결 시 여러 판례들을 참조하기 때문에 많이 언급된 지표를 주요 '점검항목'으로 선정합니다. 선택과 집중을 하는 것이죠. 모든 판단지표를 전부 '점검항목'으로 포함시켜서 그것에 해당하는 세부 판단기준을 만들어 점검을 한다면 너무 많아서 하루 안에 사업장 점검은 불가능하니까요."

"그런데 대리님, 10년 치 판례에 최신 판례까지 분석해서 대법원 5가지 기준에 맞는 판단지표를 '점검항목'으로 도출하려면 시간이 너무 많이 걸릴 것 같은데, 가능한가요?"

"하하. 서준 씨, 너무 겁먹을 필요 없습니다. 불법파견이 사회적으로 이슈화가 된 이후부터 우리 팀에서는 이 작업을 계속 해오고 있습니다. 처음 세팅할 때는 여러 선배님들께서 많이 고생하셨지요. 지금은 기본적인 Tool은 다 되어 있고요, 최신 판례 등만 업데이트 하면 됩니다. 물론 우리 회사에서 현재 업종과는 다른 업종에서 신규 사업을 진행할 경우에는 그 신규 사업이 속한 업종의 10년 치 판례를 분석해서 정량적인 Tool을 만들어야 합니다. 제가 봤을 때에는 우리 송 팀장님 성향상 지금 있는 Tool을 그대로 적용하시지는 않을 것 같습니다. 우리가 경험하지 못한 사업영역이고 이미 확정된 업무 수행방법이 아니기 때문에 이런 작업은 상당한 시간과 노력이 들 수밖에 없어요. 하지만 앞서 말씀드린 것처럼 경영진과 현업부서의 설득과 리스크 예방과 개선을 위해서는 꼭 필요한 작업입니다."

"네, 우리 송 팀장님은 충분히 그러실 것 같습니다."

"서준 씨, 앞서 설명해 드린 대법원 판단기준별로 '점검항목'을 도출하는 방법에 대해서 정리해 보았는데 한 번 읽어 보시죠."

■ 대법원 판단기준별 점검항목 도출

[판례 ①]

대법원 2019. 8. 29. 선고 2017다219072 등

○○○○공사와 고속국도 통행료 수납업무 용역계약을 체결한 외주사업체에 고용되어 고속국도 영업소에서 통행료 수납업무 등을 담당한 갑 등이 ○○○○ 공사를 상대로 근로자지위확인 등을 구한 사안에서, <u>외주사업체 소속 근무자들은 ○○○○공사 직원과 상호 유기적인 보고와 지시, 협조를 통해 업무를 수행하였고, ○○○○공사의 규정이나 지침 등을 통하여 ○○○○공사로부터 업무수행 자체에 관하여 지시를 받은 것</u>과 다를 바 없었으며 (후략)

[판례 ②]

대법원 2015. 2. 26. 선고 2010다93707

원심은 그 채택 증거를 종합하여 판시 사실을 인정한 다음, <u>원청이 협력업체 소속 근로자의 작업장소와 작업시간을 결정하고 작업내용에 대하여 실질적인 지휘·감독을 한 점</u> (후략)

▶ 대법원 판단기준 '원청의 상당한 지휘·명령'의 '점검항목'으로 '업무지시' 도출

(2) 세부 점검기준 선정

"점검항목을 도출하고 나면 점검항목별로 '세부 점검기준'을 선정해야 합니다. '세부 점검기준'은 판례에서 불법파견적 요소로 판단하는 부정적 요소와 적법한 도급으로 판단하는 긍정적 요소를 바탕으로 만듭니다. 최대한 많은 판례를 분석하는 것이 리스크를 예방하는데 도움이 되기 때문에 다양한 판례를 살펴봐야 합니다. 그래서 우리 팀은 동종업계의 최근 10개년 판례와 리딩 판례, 최신 판례를 분석해서 '세부 점검기준'을 만들고 있습니다."

"구체적으로 어떻게 '세부 점검기준'을 선정하는 건가요?"

"서준 씨, 우리나라 법원은 3심체계라는 것을 알고 있지요?"

"네. 1심이 지법, 2심이 고법, 3심이 대법."

"맞습니다. 하급심 판례도 사용하기는 하지만, 3심 대법원에서 판결이 어떻게 나올지 모르기 때문에 대법원 판례를 주로 활용합니다. 대법원 판례에서 저희가 점검항목을 도출하였다면 그 이전의 하급심인 2심과 1심에서 사실 관계에 기반하여 각각의 점검항목에 대해서 어떤 근거로 그렇게 판결을 했는지 판결 이유가 나옵니다. 저희는 바로 이 판결 이유를 토대로 '세부 점검기준'을 도출하는 것입니다. 구체적인 사례를 통해서 말씀드릴게요."

◤ 세부 점검기준 선정

[판례 ③]

서울고등법원 2017. 2. 3. 선고 2015나2033531 등(판례 ①의 2심)

원청의 영업규정, 영업운영 업무기준 등과 각종 업무처리지침이나 업무 관련 매뉴얼 등은 이 사건 외주사업체 소속 근무자들의 근무방법이나 업무처리방법을 상당히 구체적이고 상세하게 정하고 있고 이 사건 외주사업체 소속 근무자들로서는 위와 같은 원청의 지침을 위반하거나 임의로 변경하여 업무를 수행할 수 없었으며, 이 사건 외주사업체 소속 근무자들이 수행한 통행료 수납업무 등은 비교적 단순하고 반복적인 작업에 속하여 그 실제 업무를 처리함에 있어 개별적이고 직접적인 지휘나 작업지시는 필요하지 아니하였던 점 등에 비추어 보면, 이 사건 **외주사업체 소속 근무자들로서는 사실상 위와 같은 원청의 규정이나 지침 등을 통하여 원청으로부터 업무수행 자체에 관하여 지시를 받은 것과 다를 바 없었던 것으로 보인다.** (후략)

[판례 ④]

서울고법 2010. 10. 1. 선고 2009나117975(판례 ②의 2심)

원청 교대계장(원청 소속의 3급 직원임)은 현장 근무자의 점검을 지시·감독하고, 부하직원을 지도·육성하는 업무를 맡은 자로서, **원청 소속 근로자와 협력업체 소속 근로자의 구분 없이 업무일지에 근무태도 사항을 기록하여 원청 관리자에게 보고하고, 현장근로자들에게 업무지시를 하는 등 전반적인 관리를 하였으며** (후략)

▶아래와 같은 '세부 점검기준' 도출

판단기준	점검항목	세부 점검기준
1. 업무상 상당한 지휘·명령 여부	업무지시	1) 협력사 고유의 업무규정이 있는지
		2) 원청과 협력사의 업무규정은 동일한 내용으로 구성되어져 있는지
		3) 원청에서 업무규정/지침을 통해 협력사 직원에게 업무지시를 하는지
		4) 원청에서 원청 직원과 함께 협력사 직원을 관리하고 업무지시를 하는지

"판례 ③과 판례 ④는 각각 판례 ①과 판례 ②의 2심 판례입니다. 2심 판례의 판결 이유를 분석해서 점검항목으로 도출된 업무지시가 어떤 근거로 불법파견에 해당되는지에 대한 분석이 필요합니다. ○○○공사 사건인 판례 ③에서는 원청은 업무규정, 영업운영 업무 기준 등을 통해서 외주 사업체 근로자에게 업무지시를 하고 통제했다고 판단했습니다. 여기에서 '세부 점검기준'을 협력사 고유의 업무규정이 있는지, 있더라도 원청과 동일한 내용은 아닌지로 도출했습니다. 그리고 원청에서 각종 규정들을 통해서 하청업체 직원에게 업무지시를 하는지도 확인해야 하므로 '세부 점검기준'으로 추가를 했습니다. 또 ○○○○ 사건의 판례 ④에서는 원청의 관리자가 협력업체 소속 근로자들을 원청 직원들과 함께 근태를 업무일지에 작성하여 원청에 보고하는 등 업무지시 등 전반적인 관리를 했다고 판단했습니다. 이러한 판단근거를 바탕으로 '세부 점검기준'으로 원청에서 협력사 직원을 원청 직원과 함께 관리하고 지시하는지를 도출한 것입니다."

"결국은 대법원 판결문에서 도출한 점검항목에 해당하는 판결 이유를 하급심 판례에서 찾아서 그에 맞는 '세부 점검기준'을 도출하는 거군요."

"잘 이해하셨습니다. 지금은 한 가지 예를 들어서 설명을 해드렸는데 이런 과정을 거쳐서 대법원 판단기준 5가지에 맞는 '점검항목'을 최근 10개년 치의 판례와 리딩 판례, 최신 판례에 대한 분석을 거쳐서 도출한 후, 각각의 하급심의 판결 이유를 바탕으로 '세부 점검기준'이 선정되는 것입니다."

(3) 평가기준 및 가중치/배점 확정

"이제 좀 머릿속에서 그려지는 것 같습니다. 대법원 판결에서 '점검항목'을, 하급심 판결 이유에서 '세부 점검기준'까지 어떻게 도출되는지. 그 다음은 무엇인가요?"

"'세부 점검기준'까지 도출하고 나면 점검기준별 '평가기준'과 '가중치'를 정해서 진단 체크리스트를 완성해야 합니다."

"평가기준? 가중치요?"

"현장진단을 나가게 되면 준비된 체크리스트로 점검을 하게 됩니다. 점검을 할 때 정량화된 점수를 산출하기 위해서 '평가기준'이 필요합니다. 현장을 보고 세부 점검기준이 어떻게 되어 있는지를 확인한 후 평가하여 점수를 부여하기 위해서입니다. 이런 평가점수가 최종적으로 합산이 되어 정량적인 진단 점수가 나오게 되는 것이죠. 이것이 바로 진단 체크리스트입니다. 예를 들어서 설명해 드리겠습니다."

◤ 평가기준 및 가중치/배점 확정

점검 항목	세부 점검기준			
업무 지시	**1) 협력사 고유의 업무규정이 있는지(2점)**			

평가기준	배점	가중치	점수
협력사 고유 업무규정이 있으며, 협력사 직접 작성하고 주기적인 개정이 되고 있다.	2		2
협력사 고유 업무규정이 있으나 개정이력이 미흡하다.	1	1.0	1
원청의 업무규정을 그대로 사용하거나 협력사 고유 업무규정이 없다.	0		0

2) 원청에서 원청 직원과 함께 협력사 직원을 관리하고 업무지시를 하는지(9점)

평가기준	배점	가중치	점수
협력사에서 직접 관리하고 업무지시도 현장대리인을 통해 직접 실시하며 원·하청 간 SNS는 없다.	3		9
협력사 현장대리인이 직접 관리하고 작업지시하나, 작업현장에서는 원청에서 작업지시가 간혹 있고 원·하청 간 SNS는 없다.	2	3.0	6
협력사 현장대리인은 역할이 제한적이고, 원청에서 작업지시가 있으며 원·하청 간 SNS는 없다.	1		3
원·하청 간 SNS를 통해서 작업지시가 발생하고 있고, 작업현장에서도 원청의 직접 작업지시가 빈번하다.	0		0

"앞서 설명해 드린 것처럼 업무지시라는 '점검항목'에서 협력사 고유의 업무규정이 있는지라는 '세부 점검기준'이 도출되었습니다. 현장진단을 나가게 되면 협력사 고유의 업무규정이 있는지를 점검해야 되는데요, 그것을 어떤 기준으로 점검해야 되는지에 대한 구체적인 기준이 바로 '평가기준'입니다. 단순히 협력사 고유의 업무규정이 있다, 없다를 가지고 판단할 수도 있으나 그렇게 되면 단편적인 부분만 결과에 반영되어서 유의미한 결과를 도출하는데 한계가 있습니다.

그렇기 때문에 구체적으로 평가기준을 나눠 줍니다. 협력사가 직접 규정을 작성하고 주기적으로 개정이 되고 있을 때 2점 만점에 2점을 주고, 고유 업무규정이 있으나 개정이력이 미흡할 경우 1점, 원청의 규정을 그대로 사용할 경우에는 0점을 부여하는 식입니다."

"'평가기준'에 따른 점수는 어떻게 산정하나요?"

"평가척도별로 나누면 됩니다. 3단계 척도로 할 경우에는 0점부터 2점까지. 5단계 척도를 할 경우에는 0점부터 4점까지 부여하는 식입니다. 평가기준을 얼마나 구체적으로 나눌지에 대해서는 담당자별로 다양한 자료와 사례 등을 기반으로 검토한 후, 적용안을 가지고 팀원 전체 회의를 통해서 최종 확정합니다. 실제 현실에서 평가기준을 가지고 진단할 때 발생할 수 있는 케이스별로 나눠서 점수를 부여한다고 이해하시면 될 것 같아요. 세부적인 평가기준일수록 실제 현장의 수준을 평가에 잘 반영할 수 있기 때문에 평가기준 개발이 중요한 것이고요."

"그럼 가중치는 무엇인가요?"

"세부 점검기준이 법원 판결에서 모두 동일한 비중으로 다뤄지지 않거든요. '동일한 비중이 아니다.'라는 것은 '중요도의 차이가 있다.'라는 것을 의미합니다."

"중요도의 차이가 있다?"

"네. 모든 세부 점검기준이 모두 동일한 비중으로 중요하다고 할 경우 불법파견을 예방하기 위해서는 판례에서 도출된 세부 점검기준으로 모두 다 점검하고 또 준수해야 할 것입니다. 그러나 이것은 현실적으로 불가능합니다. 모든 파견적 요소가 불법파견 인정에 있어서 같은 정도의 중요성을 가지는 것이 아닌 것이죠. 재판부에서도 중요하게 보는 요소가 있기 때문에 그렇지 않은 요소와의 차등을 두기 위해 가중치를 부여한다고 보시면 되겠습니다. 보시는 것처럼 협력사 고유 업무규정이 있는지의 가중치는 1이고, 원청의 업무지시는 가중치가 3입니다. 불법파견 요소를 고려할 때 업무규정 여부보다는 원청의 직접적인 업무지시가 중요하기 때문입니다. 이것은 판례 분석 시 재판부에서 어느 관점에서 어느 기준을 중점적으로 보고 판단을 했는지 보면 알 수 있습니다. 대법원의 판단기준인 원청의 상당한 지휘·명령에서는 협력사의 고유 업무규정 여부보다는 원청의 직접적인 작업지시가 불법파견을 판단할 때 중요한 요소로 보고 있기 때문에 가중치로 차등을 두고 있는 것입니다."

"그럼 가중치는 어떻게 정하는 건가요? 협력사 업무규정 여부는 1, 원청의 직접적인 작업지시는 3을 가중치로 한 기준이 있는 건가요?"

"아니요. 가중치에 대해 정한 기준이나 가이드는 없습니다. 이것 역시 판례 분석을 통해서 빈도에 따라 저희가 부여하는 것입니다. 분석한 전체 판례에서 빈도수가 많거나 재판부에서 중요하게 다루고 있는 판례의 판결 이유에 해당하는 점검기준일 경우에는 가중치를 높게 부여합니다. 앞서 보신 것처럼 협력사의 업무규정 여부보다 원청의 직접적인 업무지시가 여러 판례에서 중요하게 다루고 있기 때문에 가중치가 3인 것이지요. 배점과 가중치를 곱해서 평가기준별로 합계를 도출하게 되면 그것이 평가기준별 점수가 됩니다. 협력사 고유의 업무규정 여부는 2점, 원청의 직접적인 업무지시는 무려 9점이 됩니다. 7점 차이가 적다고 느껴지실 수 있으나, 각 평가기준별 점수를 전체 합계하는 최종 점수에는 크게 영향을 미친다고 볼 수 있습니다."

"평가기준별 가중치 부여를 위해서는 면밀한 판례 분석이 필요하겠군요."

"맞습니다. 앞에서도 말씀드린 것처럼 정량적 진단Tool을 개발하는 것은 이미 정형화된 것이 아니고 실제 사건의 판례를 기반으로 만들어야 하기 때문에 면밀한 판례 분석이 중요합니다. 그래서 서준 씨도 판례와 친해지셔야 하고요. 하하."

(4) 불법파견 판단 점수 확정

"대리님! 평가기준별로 배점과 가중치 그리고 점수까지 어떻게 도출하는지는 이해했습니다. 그것을 전체 평가기준에 따라 점수를 합하면 최종 점수가 나오게 될 것 같은데, 점수가 낮을수록 불법파견 리스크가 큰 것이고, 점수가 높을수록 불법파견 리스크가 낮은 건가요?"

"네, 맞습니다. 평가기준에 대한 배점을 보시면 알 수 있습니다. 점검항목별 세부 점검기준에 충족하면 할수록 높은 배점을 받게끔 구성됩니다. 그렇기 때문에 점수 합계가 높을수록 불법파견 리스크는 낮고 적법하게 도급을 운영하는 것으로 볼 수 있습니다. 즉, 점수가 높으면 불법파견 판단가능성이 낮다라고 보시면 되겠습니다. 반대로 할 수도 있는데, 점수를 많이 받으면 좋은 것이라고 생각하는 일반적인 사고를 바탕으로 구성을 했습니다. 시험을 쳤는데 점수가 높으면 높을수록 좋다고 생각하잖아요. 일반적으로."

"평가 점수가 높을수록 불법파견 가능성이 낮고 준법도급으로 판단 될 가능성이 높다."

"네, 정확하게 이해하셨습니다."

"그럼 대리님, 몇 점이 불법파견이고 몇 점이 준법도급인지에 대한 기준이 있어야 되지 않나요? 그래야지만 진단 최종 점수를 보고 현재 수준이 어떤지 알 수 있을 것 같은데요?"

"서준 씨, 이해도가 너무 좋은 거 아니에요? 미리 공부를 많이 하셨죠?"

"하하. 보내주신 자료를 틈틈이 읽어보고, 궁금한 것은 미리 체크해 놓고 질문드렸습니다."

"네, 좋습니다. 이렇게 전체 점수가 나오게 되면 불법파견과 준법 도급의 판단 점수를 확정하는 것이 필요합니다. 이것이 있어야지 몇 점 이상은 준법도급이고, 몇 점 이하는 불법파견인지를 구분할 수 있겠지요. 또 이것을 정량적으로 시각화하여 보여드려야 경영진이나 현업부서에 설명드리고 설득을 할 수 있습니다."

"그 판단 점수는 어떻게 산정하는 건가요?"

"우리가 지금까지 살펴본 정량적 진단Tool을 가지고 불법파견으로 인정받은 사례와 적법하게 도급을 운영하고 있다고 판단받은 준법도급 사례를 평가해 보는 것입니다. 1심부터 3심까지 나오는 판결문과 언론 등을 통한 각종 정보, 기타 확보할 수 있는 자료들을 최대한 확보해서 저희 진단Tool로 평가를 해보는 것이죠. 그러면 각 사례별로 최종 점수가 나오게 됩니다. 그 사례별로 나온 점수를 바탕으로 불법파견 판단 점수와 준법도급 판단 점수를 정하게 되는 것입니다."

◣ 불법파견 판단 점수 확정

구분	A社	B社	C社	D社	E社	⋯	평균	최대값	최소값
불법파견 사례	18.2	24.8	33.3	36.2	40.5	⋯	30.6	40.5	18.2

구분	1社	2社	3社	4社	5社	⋯	평균	최대값	최소값
준법도급 사례	51.5	56.2	60.0	68.7	73.5	⋯	62.0	73.5	51.5

"이것은 우리가 분석한 판례의 사례를 우리의 정량적 진단 Tool로 점검했을 때 나온 점수입니다. 법원에서 불법파견으로 판단받은 사례도 있고 준법도급으로 판단받은 사례도 있습니다. 불법파견으로 판단받은 사례들의 평균 점수는 30.6점, 최고 점수는 40.5점, 최소

점수는 18.2점입니다. 우리는 여기서 불법파견으로 판단할 점수를 최고 점수인 40.5점으로 정하고 있습니다."

"평균 점수인 30.6점으로 해야 되는 것 아닌가요? 전체 사례가 반영되기 위해서는 최고 점수가 아닌 평균 점수로 해야 될 것 같습니다."

"그렇게 생각하실 수 있는데, 평균 점수가 아닌 최고 점수로 해야 합니다. 대상 사건의 사실관계가 전부 다르기 때문에 보수적으로 접근할 필요가 있습니다. 높은 점수가 나왔더라도, 즉 우리 진단 Tool로 진단을 한 결과 높은 점수가 나오면 불법파견 리스크가 낮은 것인데 그럼에도 불구하고 법원에서 불법파견으로 판단을 받았기 때문에 최고 점수를 우리 진단의 불법파견 판단 점수로 사용하는 것입니다."

"아, 그렇군요. 알겠습니다. 평균 점수가 아닌 최고 점수를 불법파견 판단 점수로 삼는다. 그러면 준법도급 사례는 왜 진단해서 평가 점수를 도출한 것인가요? 불법파견 판단 점수만 있으면 되는 거 아닌가요?"

"불법파견 사례의 점수는 우리의 현재 상태가 불법파견 리스크가 어떤 수준인지를 보는 것이라면, 준법도급 사례의 점수는 우리가 최종적으로 가야 할 방향에 대한 기준이 됩니다. 예를 들어서 우리가 A사업부 현장진단을 나가서 진단한 결과 최종 점수가 50점이 나왔다고 가정해 봅시다. 50점은 불법파견 판단 점수인 40.5점보다는 높기 때문에 불법파견 리스크는 낮다고 볼 수 있습니다. 하지만 만약에 불법파견 진정, 고소나 근로자지위확인소송이 제기되었을 경우에는 법원에서 어떻게 판단할지 모르기 때문에 우리는 최소 적법도급 평균 점수인 62점까지 올려야 된다고 현업부서에 설명하고 요청하는 것입니다."

"알겠습니다. 그러면 점수를 어떻게 올리는 건가요?"

"아, 그것은 현장진단 때 개선과제 도출과 실행과 관련된 부분인데 현장진단 교육 때 보다 자세히 설명해 드릴게요. 오늘 교육 내용이 준법도급 진단에서 매우 중요한 진단 체크리스트와 관련된 내용이었는데, 잘 이해가 되셨는지 모르겠네요. 교육자료를 다시 한번 읽어 보시고 이해 안 되거나 궁금한 것이 있으면 언제든지 물어봐 주세요. 오늘 OJT 교육 받으시느라 수고 많으셨습니다."

"네, 대리님. 수고하셨습니다."

송노무사의
실무특강

정량적 진단Tool 개발 핵심 체크포인트

절차	핵심 체크포인트
1. 대법원 판단기준별 점검항목 도출	• 최근 10개년 판례와 최신 판례를 분석하여 주요 판단지표로 사용되는 점검항목 도출
2. 세부 점검기준 선정	• 판례에서 사실관계에 따라 불법적 파견요소와 준법도급으로 판단한 긍정적 요소를 대법원 및 하급심의 판결 이유에서 세부 점검기준을 도출
3. 평가기준 및 가중치/배점 확정	• 정량화된 점검결과를 도출하기 위해서 필요한 절차 • 다양한 자료와 사례를 바탕으로 세부 점검기준을 현장진단 시 발생할 수 있는 케이스별로 나눠서 평가기준 수립 및 점수 부여 • 면밀한 판례 분석을 통한 중요 판단지표에 가중치를 차등 부여
4. 불법파견 판단 점수 확정	• 진단Tool 최종 점수가 높을수록 적법하게 도급운영을 하고 있다고 판단될 가능성이 높음. • 정량화된 점수는 경영진과 현업부서에 대해 설명과 설득을 위해 필요한 기준임. • 불법파견 사례 진단 "최고 점수": 불법파견 판단 점수 • 준법도급 사례 진단 "평균 점수": 전사 도급운영 목표 점수

4. 진단 체크리스트는 어떻게 만들어야 할까? —— **149**

5
Solution

현장진단을 나가보자!

굿바이 불법파견
헬로우 준법도급

사내노무사인 기업 현직 팀장이 직접 쓴
불법파견 리스크 예방을 위한 7가지 솔루션

5 현장진단을 나가보자!
Solution

봄볕이 따사롭게 내리고 있는 5월의 마지막 날. 상생협력팀은 준법도급 현장진단을 위해 사업장 출장이 한창이다. 2개 조로 나눠서 5월 3주 차부터 시작된 현장진단은 벌써 다음 주면 끝이다. 매주 지방으로 현장진단을 나가는 팀원들을 보면 고생을 시키는 것 같아 송 팀장은 마음 한구석이 짠해진다. 송 팀장도 신규 사업장 진단을 나갈 때에는 같이 가고 있는데, 오늘은 울산2공장을 강 과장, 정 대리, 박 사원과 함께 나갈 예정이다.

"강 과장, 울산2공장 김 차장님하고는 오늘 진단 관련해서 일정 협의되었죠?"

"네, 팀장님. 원래 지난주에 현장진단 계획이었는데 울산에 급한 일정이 생겨서 오늘로 일정 변경하였습니다. 오전에 서울에서 출발해서 울산역을 거쳐 공장에 도착하면 11시 정도가 될 것 같습니다. 인사드리고 같이 점심 드시고 난 후에 오후부터 현장진단 들어간다고 어제도 다시 한번 통화해서 일정 확인했습니다."

서울역 역사 내 커피숍. 보통 진단 며칠 전에 진단 최종점검회의를 가지는데, 이번 주는 송 팀장이 업무 출장으로 리뷰회의를 못한 터라 출발 전에 회의를 하려고 송 팀장과 팀원들은 기차시간보다 좀 더 일찍 모였다.

"서준 씨, 울산은 처음 가보는 건가요? 서울 사람이어서 지방은 잘 안 갔을 것 같은데?"

"아닙니다. 팀장님. 입사하고 나서 울산1공장에 출장 가서 생산실장님과 제조팀장님께 인사드렸습니다. 그리고 팀원분들하고 저녁 식사도 같이 했었습니다."

"앞으로는 자주 방문하게 될 것입니다. 일 잘하면 울산으로 발령이 날 수도 있으니 울산이랑 친해지시고요. 하하"

"아, 팀장님. 저는 서울이 좋습니다. 서울에서도 충분히 자주 출장 다니고 인사드리면 울산과 관계는 잘 유지할 수 있을 것 같습니다. 자신 있습니다!"

"하하. 농담입니다. 저희 팀 업무특성상 지방 출장이 앞으로 많을 건데 출장에 대한 부담을 가지지 말라는 차원에서 이야기하는 거니까 오해하지 말고요. 그럼 강 과장, 이번 진단은 어떤 일정으로 진행이 되는 거죠?"

"네, 팀장님. 오늘 울산 도착 후 점심을 먹고 나서 오후에는 서류 점검 및 인터뷰가 예정되어 있습니다. 내일 오전에는 현장진단을 한 후에 저희끼리 진단결과를 간략히 정리한 후 현업부서와 리뷰 미팅하고 마무리될 예정입니다."

"점검서류와 인터뷰는 준비가 되어 있나요?"

"서류는 3주 전에 일정 협의할 때 제조1팀 김 차장께 요청했었습니다. 협력사에서 준비해야 할 서류와 현업부서에서 준비할 서류를 같이 요청했고요. 협력사 준비서류는 제가, 현업부서 서류는 정 대리와 서준 씨가 점검할 예정입니다. 인터뷰에는 현업부서는 제조팀 김 차장, 협력사는 성학기전 현장대리인인 박 부장님이 참석 예정이고요. 박 부장님부터 먼저 한 이후에 김 차장 순서로 1시간씩 회의실에서 진행 예정입니다."

"네, 알겠습니다."

송 팀장은 서울역에서 울산으로 가는 KTX에서 인터뷰 내용과 현장진단 체크리스트를 다시 한번 훑어 봤다. 성학기전 박 부장님은 이전에 한 번 뵌 적이 있는데, 회의실에서 미팅을 하는 것은 처음이다.

사전에 이번 미팅의 취지에 대해서는 김 차장을 통해 잘 말씀드렸는데, 인터뷰를 한다고 괜한 오해를 하시는 건 아닌지 걱정이 된다.

"차장님! 안녕하십니까?"

"송 팀장님! 잘 지내셨죠? 울산 오시느라 아침 일찍 출발하셨겠습니다."

"네, KTX 타니까 한 2시간 걸렸나요? 금방이더라고요. 울산역에 내려서 2공장까지 오는데도 역에서 카셰어링으로 차 타고 와서 편하게 잘 왔습니다. 이런 업무출장 아니면 얼굴 볼 기회가 없네요. 잘 지내셨죠?"

"이렇게라도 한 번씩 얼굴 뵙고 하니까 좋습니다."

"네, 자주 찾아뵙도록 하겠습니다. 상생협력에서 5월부터 상반기 전사 준법도급 진단을 진행하고 있는데, 오늘은 울산2공장이 작년 말에 신규로 오픈하면서 관련되어 현장진단을 하러 찾아뵙게 되었습니다. 오늘 오후부터 내일 오전까지 진행될 예정이고요. 내일 마치고 나서는 결과에 대해서 간략히 공유해 드리고 마무리할 예정입니다. 진행되는 가운데 차장님께서 사업장 소개나 인터뷰 등 많은 도움을 주셔야 되는데 잘 부탁드리겠습니다."

"강 과장이 요청한 서류나 인터뷰 그리고 사업장 투어도 준비해 뒀습니다. 일정대로 마치실 수 있도록 잘 지원해 드리겠습니다."

"고맙습니다. 차장님."

서류점검

회의실에는 미리 요청한 서류들이 정리되어 있었다. 50개 서류
중에 강 과장은 협력사에서 제출한 서류를, 정 대리와 박 사원은
울산2공장에서 제출한 서류를 검토하기 시작했다.

▶ 현장진단 점검서류 목록

No.	서류	협력사	원청
1	채용공고문	●	
2	면접사정표	●	
3	취업규칙	●	
4	근로계약서	●	
5	교육훈련계획/실적	●	
6	진급사정표	●	
7	인사발령 관련 서류(공고문 등)	●	
8	징계 관련 서류	●	
9	채용계획 품의서	●	
10	직원 평가 관련 서류	●	
11	전환배치 품의서	●	
12	근태관리대장	●	
13	사업체 설립비용 관련 서류	●	
14	사무실 임대료 관련 서류	●	
15	기타 운영비용 관련 서류	●	
16	도급비 청구 및 근거 관련 서류	●	●
17	협력사 매출액 중 원청 비중 관련	●	

No.	서류	협력사	원청
18	각종 세금, 공과금 납부 서류	●	
19	급여대장	●	
20	근로소득세 원천징수 관련 서류	●	
21	연말정산 관련 서류	●	
22	4대 보험 관련 서류	●	
23	회계/결산 관련 서류	●	
24	노동분쟁 관련 서류	●	
25	임단협 관련 서류	●	
26	자산 관련 서류(자산대장 등)	●	●
27	기계 등 구입 관련 서류	●	
28	임대차 관련 서류	●	●
29	비품/소모품 구입 관련 서류	●	
30	이행보증보험증권	●	
31	불량품 발생 시 손해배상 청구 서류	●	●
32	설비 등 관련 운영지침	●	●
33	원·하청 간 전산시스템 사용계약서	●	●
34	사업계획서	●	
35	입찰 관련 서류	●	
36	작업매뉴얼, 작업표준서	●	
37	업무 관련 교육 관련 서류	●	
38	업무 관련 자격증 보유현황	●	
39	사업자등록증	●	
40	법인등기부등본	●	
41	조직도	●	
42	특허, 인증 관련 서류	●	
43	도급계약 관련 서류	●	●
44	작업계획서, 작업일보	●	
45	원·하청 간 업무 관련 이메일	●	●
46	원·하청 간 업무 관련 회의록	●	●
47	협력사 현장대리인 선임계	●	●
48	원청 현장순회 점검표		●
49	원·하청 간 주기적 제출 서류	●	
50	협력사 평가 관련 서류		●
소계		48	12

"서준 씨! 봐야 할 서류들이 많죠?"

"네, 팀장님. 너무 많습니다. 실제로 처음 보는 서류라서 신기하기도 합니다."

"그럼 서준 씨, 이 많은 서류들을 우리가 왜 보는 걸까요?"

"도급과 관련한 노동부 진정, 고소나 법원에 소송이 들어갔을 때 관련한 증거 등으로 사용될 수 있기 때문에 이를 점검하는 것 같습니다."

"맞습니다. 이 서류 모두가 협력사와 원청인 우리가 맺은 도급 계약과 관련된 서류입니다. 이 서류들을 통해서 협력사가 도급업무를 수행할 실체성이 있는지 그리고 도급업무가 적법한 도급인지, 근로자 파견인지를 판단하는 겁니다. 그럼 서류를 통해서 무엇을 확인할 수 있는지 몇 가지 예를 들어서 설명해 드릴게요."

강 과장과 정 대리는 50개의 서류를 하나씩 점검하고 있었고 송 팀장은 서류점검을 통해서 무엇을 확인해야 하는지, 어떤 것을 알 수 있는지를 신입사원인 박 사원에게 가르쳐 주고 싶었다. 실제로 진단 현장에서 보고 듣는다면 말 그대로 On the Job Training으로 기억에 오래 남지 않을까라는 생각으로.

"서준 씨, 채용공고문을 통해서는 무엇을 확인할 수 있을까요?"

"협력사에서 언제 어떤 직무에 몇 명을 어떤 절차로 채용할지를 알 수 있습니다."

"그렇죠. 서준 씨가 말씀하신 것은 채용공고에서 확인할 수 있는 기본적인 정보입니다. 우리가 과연 그것을 보기 위해서 서류점검을 하는 걸까요? 아닙니다. 우리는 준법도급 측면에서 서류점검을 하는 것이기 때문에 기본적인 정보 뒤에 숨어있는 무엇인가를 찾아서 문제는 없는지를 봐야 합니다. 즉, 하청 등 수급인의 실체성을 판단하는 기준 첫 번째가 무엇이었죠?"

"채용 · 해고 등의 결정권입니다. 이 권한이 협력사에 있는지, 원청에 있는지를 판단하는 겁니다."

"네, 맞아요. 협력사가 도급업무를 위해서 필요한 인원을 직접 계획을 세워서 채용하는지를 보는 것입니다. 원청에서 협력사에 필요한 인원 채용공고문을 올린다면 협력사에 채용 · 해고 등의 결정권이 없는 것이겠죠. 또, 협력사에서 올린 채용공고라 하더라도 문의처에 원청 담당자의 이메일이나 연락처가 있다면 역시 채용 권한은 협력사가 아닌 원청에 있다고 봐야겠지요. 이런 것들을 확인하기 위해서 채용공고문을 보는 것입니다."

"아, 어떤 의미인지 알 것 같습니다. 팀장님."

"면접사정표, 취업규칙, 근로계약서, 교육훈련 계획 및 실적 등의 서류를 통해서 하청업체의 실체성 판단기준인 채용 · 해고 등의 결정권

여부를 확인할 수 있고, 또 대법원의 불법파견 판단기준인 인사노무 관련 결정과 관리 권한 행사의 주체가 협력사인지 원청인지를 알 수 있는 것입니다. 1번 채용공고문부터 몇 번까지가 이 기준과 관련된 서류일까요?"

"음, 13번 사업체 설립비용 관련 서류는 자본과 관련된 내용이어서 12번 근태관리대장까지일 것 같습니다. 채용, 평가, 승진급, 전환 배치, 근태 등 인사노무와 관련된 서류들이니까요."

"서준 씨가 확실히 이해한 것 같네요. 그럼 4대 보험, 각종 세금, 공과금 납부 서류를 통해서는 무엇을 알 수 있을까요?"

"협력사 명의로 4대 보험과 세금 등이 납부되는지를 볼 수 있기 때문에 협력사 실체성 판단기준인 법령상 사업주로서의 책임을 확인할 수 있을 것 같습니다."

"협력업체 직원이 임금체불로 노동부에 진정을 접수할 때 피진정인을 적게 되어 있습니다. 그때 협력업체를 피진정인으로 기재한 후 조사를 받고 체불된 임금을 지급하는 일련의 과정이 진행되었다면, 여기서도 법령상 협력업체 직원의 사용자는 협력업체라는 것을 확인할 수 있는 근거가 되기 때문에 그와 관련된 서류를 보는 것입니다."

"아, 그 부분까지는 생각하지 못했습니다. 왜 노동분쟁 관련 서류를 보는지 이해가 좀 안 되었었는데 이제 이해가 됩니다. 팀장님."

"그러면 마지막으로 하나만 더 질문할게요. 협력업체랑 업무 관련 이메일을 왜 점검하는 걸까요?"

"원청에서 협력사에게 이메일을 통해서 작업지시가 이뤄질 수 있을 것 같습니다. 원청 담당자가 바로 협력사 직원에게 메일을 보내서 '이거 언제까지 해주세요.'라고 보내면 직접 작업지시가 되니까요."

"맞습니다. 불법파견 소송에서 보면 이메일이나 각종 SNS 등을 통한 작업지시가 증거로 많이 제출됩니다. 또 도급이라는 것이 일의 완성을 목적으로 대가를 지급하는 것인데, 이메일 등을 통해서 계속적으로 도급업무와 관련된 지시를 하게 되면 계약 목적이 확정되지 않았다고 볼 수 있고 또 원청의 업무와 하청의 업무가 구별되지 않는다라고 볼 수 있기 때문에 중요하게 보는 서류입니다. 서류를 통해서 불법파견 판단기준에서 무엇을 확인할 수 있는지에 대해서는 별도로 정리한 자료가 있으니 그것을 보시면 이해할 수 있을 거예요. 보시고 궁금한 것은 선배들에게 물어보세요."

"네, 알겠습니다. 팀장님."

◤ 현장진단 점검서류별 불법파견 판단기준 확인 분야

No.	서류	불법파견 판단기준	
		협력사 실체성 여부	근로자파견 여부
1	채용공고문	채용·해고 등의 결정권	인사노무 관련 결정, 관리 권한 행사
2	면접사정표		
3	취업규칙		
4	근로계약서		
5	교육훈련계획/실적		
6	진급사정표		
7	인사발령 관련 서류(공고문 등)		
8	징계 관련 서류		
9	채용계획 품의서		
10	직원 평가 관련 서류		
11	전환배치 품의서		
12	근태관리대장		
13	사업체 설립비용 관련 서류	소요자금 조달 및 지급에 관한 책임	계약목적 확정, 업무 구별, 전문성·기술성 보유
14	사무실 임대료 관련 서류		
15	기타 운영비용 관련 서류		
16	도급비 청구 및 근거 관련 서류		
17	협력사 매출액 중 원청 비중 관련		
18	각종 세금, 공과금 납부 서류	법령상 사업주 책임	
19	급여대장		
20	근로소득세 원천징수 관련 서류		
21	연말정산 관련 서류		
22	4대 보험 관련 서류		
23	회계/결산 관련 서류		
24	노동분쟁 관련 서류		
25	임단협 관련 서류		

No.	서류	불법파견 판단기준	
		협력사 실체성 여부	근로자파견 여부
26	자산 관련 서류(자산대장 등)	기계, 설비, 기자재 자기 책임과 부담	계약목적을 달성하기 위해 필요한 기업조직, 설비 보유
27	기계 등 구입 관련 서류		
28	임대차 관련 서류		
29	비품/소모품 구입 관련 서류		
30	이행보증보험증권		
31	불량품 발생 시 손해배상 청구 서류		
32	설비 등 관련 운영지침		계약목적 확정, 업무 구별, 전문성·기술성 보유
33	원·하청 간 전산시스템 사용 계약서		업무상 상당한 지휘·명령
34	사업계획서	전문적 기술, 경험과 관련된 기획책임/권한	계약목적 확정, 업무 구별, 전문성·기술성 보유
35	입찰 관련 서류		
36	작업매뉴얼, 작업표준서		
37	업무 관련 교육 관련 서류		
38	업무 관련 자격증 보유현황		
39	사업자등록증		
40	법인등기부등본		
41	조직도		원청 사업에 실질적 편입
42	특허, 인증 관련 서류		계약목적 확정, 업무 구별, 전문성·기술성 보유
43	도급계약 관련 서류		
44	작업계획서, 작업일보		원청 사업에 실질적 편입
45	원·하청 간 업무 관련 이메일	기타	• 업무상 상당한 지휘·명령 • 인사노무 관련 결정, 관리 권한 행사 • 계약목적 확정, 업무 구별, 전문성·기술성 보유
46	원·하청 간 업무 관련 회의록		
47	협력사 현장대리인 선임계		
48	원청 현장순회 점검표		
49	원·하청 간 주기적 제출 서류		
50	협력사 평가 관련 서류		

2 인터뷰

"강 과장! 인터뷰는 성학기전 박 부장님과 제조팀 김 차장님 두 분이시죠?"

"박 부장님 먼저 하고 다음 김 차장 순서로 진행 예정입니다."

"인터뷰 시간은 개인별로 1시간 남짓이니까 서류점검으로 확인 가능한 부분은 질문하지 말고, 중요하게 현장에서 우리가 중점적으로 확인해야 할 부분과 현장에서 다시 체크할 부분 위주로 질문하면 될 것 같습니다. 인터뷰는 어떤 항목으로 준비했죠?"

◣ 인터뷰 질문 항목

No.	인터뷰 질문 항목	확인 분야	원청	협력사
1	업무프로세스	원청에 실질적 편입	●	●
2	원·하청 간 업무연계 여부		●	
3	협력사 조직도 및 근무조			●
4	생산관리시스템(MES) 계약체결 여부	업무상 지휘·명령	●	
5	원·하청 간 업무협의방법 (이메일, SNS, 전화 등)		●	●
6	현장대리인 역할, 선임계 작성 여부			●
7	작업매뉴얼, 표준서 작성·업데이트 주체	계약목적 확정 전문성·기술성 보유		●
8	도급결과물 하자에 대한 책임 부담 여부		●	●
9	도급계약 업무 외 부수적으로 하는 업무 여부		●	●
10	장비, 설비 등 소유주체, 임대차 여부		●	●

"네, 팀장님. 인터뷰 항목은 총 10개로 구성했고, 원청과 협력사별로 질문할 예정입니다. 이번 진단에서 잘 들여다봐야 할 부분인 원청 사업에의 실질적 편입 여부, 업무상 상당한 지휘·명령을 하는지 여부, 계약목적 확정·업무의 구별·전문성 및 기술성 보유 여부, 이 3가지 기준을 반영했습니다. 인터뷰 때 확인하지 못한 부분은 현장을 둘러볼 때 추가로 확인하겠습니다."

"좋습니다. 박 부장님은 언제 오시기로 했나요?"

"11시에 회의실에서 뵙기로 했습니다. 아, 지금 박 부장님 도착하셨네요."

"부장님! 오랜만에 뵙습니다. 잘 지내셨죠?"

"네, 송 팀장님도 잘 지내셨죠? 재작년에 출장으로 오셨을 때 한번 뵙고 2년 정도 된 것 같네요. 얼굴이 더 좋아지신 것 같습니다. 강 과장도 결혼하고 나서 그런지 얼굴이 참 좋네요. 결혼식 못 가서 미안해요. 울산과 서울은 좀 많이 멀어서. 하하."

"아닙니다. 부장님. 축의도 해주시고 전화도 주셨는데요. 고맙습니다. 부장님은 더 젊어지신 것 같습니다. 운동을 많이 하셔서 그런지 살도 좀 빠지신 것 같고요. 하하."

성학기전 박 부장은 경력 20년이 넘는 베테랑이다. 울산에 오기 전 인천에서도 관련 업계에서 경력까지 있는데다가 울산으로 와서 여러 협력업체 관리자를 경험하는 등 현장에서 잔뼈가 굵은 실무형 전문가이다. 원·하청 간의 관계에 대해서는 울산 협력업체 관리자 중에 가장 경험도 많고 이해도가 높아 인터뷰 대상자로 선정해서 협조를 구했다.

"그럼 부장님, 인터뷰는 제가 질문드리는 사항에 대해서 편안하게 말씀해 주시면 됩니다. 포장해서 말씀하실 필요도 없고요. 그냥 있는 그대로 말씀해 주시면 됩니다. 인터뷰 시간은 한 시간 남짓 될 것 같습니다. 최대한 필요한 것만 여쭤보고 일찍 마치도록 하겠습니다."

"네, 알겠습니다. 강 과장님."

(1) 원청 사업 등에 실질적 편입 여부

"부장님, 먼저 우리와 계약 맺은 도급업무가 무엇이고, 그 업무는 어떻게 진행이 되는지 설명 부탁드립니다."

"(주)명송전자와 계약한 업무는 청소기에 들어가는 부품을 제조해서 청소기사업부에 납품하는 업무입니다. 전체 청소기 모델에 공통으로 들어가는 부품부터 모델별 특정부품까지 저희가 맡아서 하고 있습니다."

"언제부터 우리 명송과 일을 하셨나요?"

"명송과는 10년 전에 경쟁 입찰을 통해서 사업을 처음 시작하게 되었습니다. 그때부터 청소기사업부와 계약을 맺고 일을 해오고 있습니다. 매년 계약을 체결하는데 그 계약서에는 납품해야 할 부품의 사양, 단가, 발주·납품 방법, 시기 등이 포함되어 있습니다. 도급 계약서는 별도 요청하셔서 제출을 했습니다. 계약할 때 다음 연도 예상물량이 반영되어 있고, 그것을 기반으로 부품당 단가가 산정됩니다. 잘 아시겠지만 계약 협상 시 단가가 가장 중요한 부분입니다. 명송에서는 원가에 해당되는 부분이고, 저희는 매출이기 때문에 첨예하게 대립이 되곤 하죠. 그렇게 협상을 거쳐서 최종 단가가 확정됩니다. 계약일에 맞춰서 단가가 확정되지 않는 경우가 많아서 확정단가 전까지는 예비단가를 적용하고 최종 확정단가가 나오면 추후에 소급받는 형태입니다."

"네, 부품당 단가에 납품실적을 곱해서 매월 도급비를 받는 방식이군요. 단가는 어떻게 정해지나요?"

"우리가 납품할 부품을 생산하는데 소용되는 비용, 즉 인건비, 재료비, 기계설비 사용비, 일반관리비 등 전체 원가에 업체마진을 포함한 전체 비용을 예상물량을 고려해서 부품당 단가를 산정합니다. 그렇게 나온 단가를 가지고 명송과 단가 협상을 해서 최종 확정하게 됩니다."

"예비단가는 무엇인가요? 확정단가가 나오기 전에 임시적으로 적용하는 단가인 것 같은데……."

"네, 맞습니다. 다음 연도 확정단가를 올해 정하는 게 쉽지 않죠. 물량 상황이 변하기도 하고 원자재 가격이 어떻게 될지 모르고, 모델별로 단종시기가 빨라지는 것도 있고 등등 생산과 관련된 여러 상황이 정리되면 확정단가가 나옵니다. 보통 연중 상반기에 나온다고 보시면 됩니다."

"그럼 확정단가가 나올 때까지는 청소기사업부와 계속 단가 협상을 하시는 거고요? 확정단가가 확정되면 소급은 되는 거죠?"

"네, 맞습니다. 아무래도 매출과 직결되는 부분이니 저희 사장님께서도 가장 많이 신경 쓰시는 부분입니다. 저 역시 업체 관리도 관리인데 단가에 대해서도 직접 협상에 참여해서 많은 신경을 쓰고 있습니다. 확정단가 협상이 마무리되면 1월부터 전달까지 적용했던 예비단가와의 차이를 다음 달에 소급해 주고 있습니다."

"저희로부터 도급업무를 받으셨으면, 성학기전은 어떻게 생산계획을 수립하시나요?"

"차년도 도급계약 협상을 준비할 때 예상물량이 나옵니다. 그 예상물량을 생산할 수 있게 저희 나름대로 생산계획을 수립합니다. 예상물량이 연간 100이라고 한다면, 말 그대로 예상이기 때문에 70 정도를 할 수 있게 미리 준비를 합니다. 인원이나 원자재 등이 월별로 다음 달 물량이 확정되기 때문에 예상물량보다 많다면 추가로 필요 인원이나 자재를 준비하고 적다면 적은 물량에 맞춰서 조절을 합니다. 그렇게 해서 월별, 주별, 일별로 대응하고 있다라고 이해하시면 될 것 같습니다.”

“그렇군요. 발주와 납품 절차는 어떻게 되나요?”

“기본적으로 연간/반기/분기/월/주/일 생산계획이 정해지면 그에 맞게 청소기 제조에서 우리 쪽으로 납품을 요청합니다. 부품별로 납품수량과 납품시기를요. 거기에 맞춰서 저희가 생산해서 청소기 사업부로 납품하고 있습니다.”

“그러면 발주시스템을 통해서 이루어지겠네요?”

“네, 맞습니다. 명송에 MS²(Myung Song System, (주)명송전자 생산 관리시스템)라고 있어요. 생산관련 시스템인데요. 청소기 제조1팀, 제조2팀에서 명송 생산계획에 맞게 MS²를 통해서 부품을 요청 합니다. 그러면 저희 쪽에서도 그 시스템에 들어가서 볼 수 있거든요. 부품발주 수량과 납기를 확인한 후, 저희 쪽에서 생산하고 납품 합니다.”

“MS² 시스템은 명송에서 개발한 거죠? 별도 시스템 사용 계약을 하신 건가요?”

“네, 명송 겁니다. 명송 생산계획이 반영되어 있고, 생산 라인도 그에 맞게 돌아가고 있습니다. 저희 역시 그걸 사용할 수밖에 없고요. 따로 사용계약서 같은 건 쓰지 않았습니다.”

"일별로 생산계획이 변경되면 납품물량도 실시간으로 바뀌는 건가요?"

"네, 그렇습니다. 우리가 오늘 13시까지 A라는 부품 10개를 납품하는 것은 전월부터 확정되거든요. 늦어도 최소 1주일 전에는 최종 확정이 됩니다. 그런데 갑자기 10개 전체가 전날 취소되는 경우도 있어요. 심지어는 납품하러 가고 있는 도중에 취소된 경우도 있어요. 명송도 생산계획이 갑자기 변경되어서 그렇겠지만, 납품하는 우리 같은 협력업체들은 많이 난감하고 힘들죠."

"그런 부품들은 어떻게 하시나요?"

"저희 창고에 두었다가 재납품 요청이 들어오거나 다른 모델에 사용되는 부품인 경우에는 그걸로 납품하기도 하고요. 특정 모델에만 들어가는 부품인 경우에는 재고로 잡아 두고 있습니다."

"장기재고 또는 폐기처분의 문제도 있겠군요."

"네, 맞습니다. 부품도 수명이 있다 보니 보관기간이 넘어가면 폐기를 해야 하거든요. 이때에는 어쩔 수 없이 폐기를 하고 있습니다."

"그 비용은요? 명송에서 보전해 주나요?"

"이 부분이 문제입니다. 청소기사업부에서는 이 부분을 100% 보전을 못 해주겠다고 하는데, 우리 입장에서는 요청받은 부품을 생산해서 납품하는데 청소기사업부에서 납품을 변경하는 것이어서 귀책사유가 저희에게 없는데도 보전을 안 해주겠다고 하니……. 지금은 그래도 많이 나아져서 반반 부담하는 걸로 되어 있는데요. 저희 입장에서는 계속 요구할 수밖에 없는 상황입니다."

(2) 업무상 상당한 지휘 · 명령 여부

"네, 알겠습니다. 부장님. 많이 고민되시겠습니다. 그러면 성학기전에서 생산한 부품은 납품을 어디로 하나요?"

"청소기사업부로 합니다. 청소기사업부 생산동에 저희 납품차가 도착하면 청소기사업부 생산동에서 근무하는 저희 직원들이 부품대차를 차량에서 내려서 부품 적치장소로 이동시킵니다. 거기에서 저희 부품이 필요한 라인별로 부품대차를 생산라인까지 공급해 줍니다."

"그 과정에서 우리 명송 반장들이나 조장들과도 접점이 있겠네요?"

"아무래도 라인에 공급해 주는 일을 하다 보니 반장, 조장들 하고도 안 부딪히려야 안 부딪힐 수가 없습니다. 생산모델이 갑자기 변경되어 필요한 부품이 변경되면 우리 직원한테 바로 변경하라고 지시를 하는 경우도 있거든요."

"생산동에 현장대리인을 따로 두고 있지 않으세요? 현장대리인 선임계는 제출하시고 계실 텐데?"

"현장대리인은 저로 되어 있습니다. 현장대리인 선임계는 도급계약 할 때마다 작성해서 청소기 제조팀에 제출하고 있습니다."

"말 그대로 현장대리인은 현장에서 성학기전 사장님을 대리해서 도급업무와 관련되어 협의를 하는 사람인데, 성학기전 본사에서 근무하시는 박 부장님이 그런 역할을 못하실 것 같은데요? 저희 상생에서 현장대리인은 본사 근무 인원이 아닌 현장에서 도급업무 협의를 할 수 있는 사람이 되어야 한다고 제조팀에도 관련해서 안내를 드렸었는데……."

"안 그래도 그렇게 제조에서 이야기를 했었는데, 아무래도 저희 입장에서는 인건비나 이런 부분을 생각하지 않을 수가 없어서……."

"네, 알겠습니다. 부장님, 생산동별로 부품을 납품하면 그것을 모아두는 적치장소는 따로 있나요?"

"네. 생산동 생산라인과는 거리가 좀 있는데, 그쪽에다가 이동을 시켜 놓고 라인별로 들어갈 부품이 순서대로 적재되어 있는지 확인한 후에 라인으로 공급해 주고 있습니다."

"적치장소에 부품을 풀(full)로 채워 놓으면 부품 납품 없이 몇 시간 동안 명송에서 생산할 수 있나요?"

"반나절 정도는 됩니다. 4시간 정도."

"4시간 정도, 알겠습니다. 부장님, 그러면 생산동에 있는 협력사 직원하고 우리 명송 반장님, 조장님들하고 SNS 단체방도 있겠네요? 생산라인 이슈라든지 문제가 생기면 바로 조치해야 하니까."

"네. 그 단체방에 저도 들어가 있고 라인별로 부품공급하는 우리 성학기전 직원들도 들어가 있습니다. 명송 반장, 조장들도 들어와 있고요."

"지금 볼 수 있을까요?"

"네."

박 부장은 자신의 휴대폰에 있는 SNS 단체방을 보여준다. 강 과장은 놀라는 눈치다.

박 반장(명송): 김 과장, 지금 모델 변경되었으니까 부품 교체해 주세요.

김 과장(성학기전): 네, 알겠습니다. 반장님.

이 조장(명송): 신모델 부품 왜 안 들어오는 거야? 김 과장 지금 어딨어?

김 과장(성학기전): 지금 부품조달이 좀 늦어져서요. 확인하고 보고드리겠습니다.

．
：
．

이전부터 SNS 단체방을 통한 업무요청은 원청의 직접 작업지시로 인정될 가능성이 매우 높기 때문에 해서는 안 된다고 그렇게 이야기하고 설명회도 했는데, 현장에서는 예전 그대로 되고 있었던 터라 강 과장은 놀랄 수밖에 없었다.

"부장님, 그러면 도급업무 관련 업무협의는 어떻게 하시나요?"

"제조팀과 한 달에 한 번씩 생산계획 공유회를 하고 있습니다. 이번 달 생산실적 및 다음 달 생산계획을 공유해 주고, 우리 쪽에서 납품해야 할 부품수량도 거기서 확정됩니다. 그리고 이번 달에 있었던 불량 클레임 건이나 안전사고에 대한 건도 공유가 됩니다."

"안전사고는 명송 쪽 안전사고를 공유하는 건가요?"

"네. 명송 쪽 사고 사례를 공유하면서 이런 사고가 있으니 협력업체에서 직원들 교육을 요청하는 것도 있고 저희 성학기전 쪽에서 사고가 나면 사고원인, 조사결과, 향후 예방대책 등도 공유가 되고 있습니다."

"그 회의체 말고 이메일이나 전화나 이런 것들은요?"

"주로 도급업무와 관련해서는 회의나 이메일, 전화 등이 모두 저를 통해서 이루어지고 있다고 보시면 됩니다. 예전에는 회의, 메일, 전화를 명송 담당자가 우리 직원한테 직접 했었는데 언제부터인가 메일 계정도 저만 들어갈 수 있고 회의도 저만 참석해서 업무협의를 하고 있습니다. 불법파견 이슈로 이렇게 해야 하는 건 잘 알지만,

처음에는 정말 힘들었습니다. 지금도 불편한 게 사실이고요."

"네, 맞습니다. 힘드시죠. 하지만 도급 관련 일은 박 부장님께서 명송과 협의해 주셔야 하고 또 그것을 직원들에게 박 부장님께서 조정하시고 분배해 주시고 업무지시를 해 주셔야 됩니다."

"네. 처음 바뀌었을 때는 명송 직원들한테서 전화도 오고 메일도 오고 했는데, 그것을 전부 저에게 전달하고 돌리라고 했거든요. 그래서 명송 직원분들한테 계속 설명해 드렸어요. 처음에는 불편하다고 불만도 있었는데, 몇 년 지나고 나니까 지금은 저를 통해서 업무분배나 지시가 나가고 있습니다."

(3) 계약목적 확정, 업무의 구별, 전문성 · 기술성 보유 여부

"작업매뉴얼과 표준서는 누가 작성하나요?"

"처음부터 우리가 작성했습니다. 우리가 부품을 만드는데 우리가 제일 잘 알죠. 공정이 변경되거나 추가가 될 때에도 그에 맞춰서 개정하고 있습니다. 표준서 역시 신규 부품이 들어올 때마다 우리 연구개발팀에서 제작하고 있습니다."

"청소기 생산동 안에 있는 작업자들의 작업매뉴얼도 성학기전에서 작성한 건가요?"

"그것 역시 저희가 작성하고 업데이트도 하고 있습니다."

"부장님, 그러면 납품한 부품에서 불량이 나는 경우는 어떻게 하고 있습니까?"

"명송 청소기사업부 품질관리파트에서 불량으로 NG 판정을 받는 경우에는 수거해서 다시 저희가 납품을 하고요. 조립된 청소기에서 불량으로 리콜이 된 경우, 리콜 사유가 저희 쪽 부품인 경우에는 그에 대한 배상을 하고 있습니다."

"그런 경우가 많이 있나요?"

"품질에서 불량 판정을 받는 경우는 간혹 가다가 한 번씩 있습니다. 일 년에 한두 번 정도요. 리콜로 저희가 배상한 경우는 2014년인가 한 번 있었습니다. 사업 시작한지 얼마 안돼서 저희가 부품을 잘못 만들었거든요. 다행히 물량이 얼마 안돼서 큰 피해는 없었습니다."

"그럼 명송과 계약한 도급업무는 청소기 부품 납품 업무인데, 그 업무 말고도 따로 하는 게 있나요?"

"계약한 업무에 따라 단가별로 도급비를 받기 때문에 그 외 업무는 없습니다. 아, 생산동에서 일하는 직원이 라인 조 반장들이 시키는 자잘한 일이 있기도 한데요. 그것은 마이너한 부분이고요. 그 외에는 없습니다."

"성학기전 공장은 당연히 사장님께서 투자하셨을 것 같은데, 임대 인가요?"

"아닙니다. 사장님께서 직접 건물하고 토지를 사셔서 사장님 본인 소유이십니다. 그리고 R&D 쪽 기계, 설비 등도 다 투자를 하셨고요. 생산동에 납품하는 부품대차도 저희가 투자하고 제작해서 저희 소유입니다."

"워낙에 규모가 있는 업체여서요, 당연할 것 같습니다. 부장님, 잘 알겠습니다. 인터뷰는 이 정도로 하면 될 것 같습니다. 1시간 30분 정도 되었네요. 빨리 한다고 했는데 좀 많이 길어졌습니다. 장시간 동안 인터뷰에 응해주셔서 고맙습니다."

"과장님께서 질문을 잘 해주시고 이해도 빨리하셔서 인터뷰하는데 괜찮았습니다. 수고하셨습니다."

"부장님, 정말 수고 많으셨습니다. 저도 옆에서 계속 듣고 있었는데, 도급 리스크 측면에서 몇 가지 문제가 보이긴 하네요. 그런데 이게 성학기전에서 잘못하신 게 아니라 저희 명송에서 대부분 개선이 되어야 할 것 같네요. 부담 가지시지 마시고요. 결과 정리하고 필요한 것 있으면 별도 연락드리도록 하겠습니다. 1시가 다 되어 가는데 같이 점심 식사하러 가시죠. 나가서 드시는 것도 좋은데, 우리 사내식당 밥맛이 괜찮다고 들어서요."

"여기 일대에서는 명송 사내식당이 맛 좋기로 소문이 났습니다. 저도 들어올 때마다 점심 시간되면 한 번씩 먹고 있습니다. 그럼 식사하러 가시죠."

송 팀장은 박 부장, 팀원들과 함께 늦은 점심을 위해 사내식당으로 나선다. 하지만 인터뷰를 하면서 들었던 몇 개가 송 팀장의 머릿속을 떠나지 않는다.

14시. 울산2공장 회의실

"팀장님, 사내식당 밥맛이 너무 좋은데요? 총무에서 신경 많이 썼다고는 들었는데, 본사 밥맛보다 더 좋은 것 같습니다."

정 대리가 양치를 하고 회의실로 들어오면서 송 팀장에게 이야기한다.

"사장님께서 지방사업장에서 가장 중요하게 생각하시는 게 바로 밥이에요. 본사 단가보다 더 높다고 들었는데, 저도 맛있었습니다. 강 과장, 오후는 김 차장님 인터뷰만 하면 되죠?"

"네, 제조 김 차장 인터뷰 일정만 있습니다. 그리고 서류 점검 때 체크한 사항 몇 개만 정리하면 됩니다."

"김 차장님 인터뷰는 우리 회의 좀 하고 나서 합시다. 박 부장님 인터뷰하면서 우리가 체크해야 할 부분을 정리하고 난 다음에 그 부분을 위주로 김 차장님 인터뷰를 하면 좋을 것 같아서요. 그리고 그 부분을 내일 현장진단할 때 중점적으로 봐야 할 듯합니다. 강 과장, 오전에 서류 점검할 때 문제는 없었나요?"

"네, 팀장님. 요청한 서류 잘 제출해 주셨고요, 규모가 좀 있는 업체여서 그런지 기본적인 서류는 잘 구비되어 있었습니다."

"정 대리는?"

"울산2공장에서 준비한 서류도 큰 문제는 없었습니다."

"그럼 강 과장, 박 부장님 인터뷰 때 이슈가 될 만한 사항이 무엇이 있었죠?"

"저도 사실 좀 놀란 부분이 있었습니다. 몇 개 체크해 뒀는데요. 먼저 우리 생산관리시스템인 MS²를 무상으로 사용하고 있었습니다. 생산관리시스템이 업무지시성이 있다는, 최신 판례가 나온 터라 이 부분을 좀 들여다봐야 할 것 같습니다."

"그 판례 분석 우리가 했었나요?"

"네, 팀장님께서 윤 차장에게 검토를 지시하셔서 지금 검토 중인 걸로 알고 있습니다."

"현재 원·하청 간에 생산정보가 시스템으로 오고 가는 것이 현실인데, 이것을 업무지시로 본다는 게 참……. 분명 그렇게 대법에서 판결한 이유가 있을 테니까 판례 분석되는 대로 그 부분을 살펴봐야 되겠어요. 강 과장은 이 부분 결과 보고서 작성할 때 반영해야 한다는 것 꼭 체크하고."

"네, 알겠습니다. 팀장님."

"그거 말고는? 정대리가 본 것은 뭐가 있죠?"

"생산동에 협력사 직원들이 있다 보니까 우리 조 반장들이 직접 작업지시를 하는 것 같았습니다. 적재공간이 있기는 한데 4시간 분량밖에 안 돼서 라인과 연동된다고 볼 수 있을 것 같습니다. 아, 그리고 현장대리인이 주로 성학기전 본사 사무실에서 근무하시는 박 부장님이신 것도 문제가 되니 다시 선정해야 할 것 같습니다."

"강 과장, 우리가 울산2공장 사업 검토할 때 생산동 내 협력사 직원이 있는 경우 작업지시와 관련한 도급 리스크에 대해서 청소기 사업부에 의견을 주지 않았나요?"

"다른 사업장에서도 문제가 되었던 부분이라 명확히 협조 품의에 의견을 반영했습니다. 협력사 직원은 당사 사업장 내에 없거나 최소화해야 한다고 담당자랑 미팅도 몇 차례에 걸쳐서 이야기했고요. 부품사에서는 라인에 들어갈 부품을 대차에 실어서 청소기동으로 납품을 하면 그것을 협력사 직원이 적치장소로 옮기고 라인투입은 우리 직원이 직접 해야 된다는 것을 분명히 설명해 드렸습니다. 그런데 아무래도 신규 사업장이다 보니 라인 안정화를 위해서 부품공급에 대한 현장대응을 원활하게 하기 위해 제조 쪽에서 이런 방식으로 업무를 변경한 것 같습니다."

"아, 현장을 나와 보지 않았으면 몰랐었겠네요. 이 점은 김 차장님 인터뷰할 때 어떻게 된 것인지 확인을 해야 할 것 같습니다. 또 내일 현장진단할 때도 실제로 어떻게 되고 있는지 봐야 될 것 같고요. 다른 것은 없었나요?"

"아무래도 생산동 내에 협력사 직원이 있어서 SNS 단체방도 같이 쓰고 있었습니다. 박 부장님이 보여주신 걸 잠깐 봤는데, SNS를 통해서 업무지시를 하고 있었습니다."

"요약하면 우리가 중점적으로 봐야 할 것은 ① MS² 시스템을 통한 실질적 편입 및 업무지시 여부, ② 청소기사업부 생산동에서 혼재 근무로 인한 작업연계 여부, ③ SNS를 통한 업무지시, 이 3가지인 것 같습니다. 김 차장님과 인터뷰는 이 3가지에 대해서 집중적으로 확인하는 걸로 하시죠. 강 과장, 김 차장님께 인터뷰 지금 하자고 말씀드리시죠!"

"네, 알겠습니다. 팀장님."

상생협력팀은 회의 때 나온 3가지의 이슈를 중심으로 김 차장님과 인터뷰를 이어 나갔다.

3 현장진단

다음 날 오전 7시. 상생협력팀 송 팀장과 팀원들은 1일 차 진단 결과를 정리하고 울산2공장 김 차장, 제조팀 직원들과 저녁까지 한 터라 피곤한 기색이 역력하다. 공장 근처 모텔에서 자고 아침 식사를 위해 모텔 앞 돼지국밥집에 모였다.

"다들 편안히 잤어요? 오랜만에 차장님과 직원들이랑 소주 한잔 하면서 저녁을 했더니 좀 피곤하네요. 서준 씨는 잘 잤어요?"

"네, 팀장님. 김 차장님하고 직원들과 처음 저녁 자리였는데 인사도 드리고 해서 이제 업무할 때 잘 도와주실 것 같습니다. 술을 좀 먹어서 피곤하긴 합니다."

"돼지국밥 드시고 속풀이 좀 하셔야겠네요. 강 과장, 오늘 일정은 어떻게 되죠?"

"8시에 청소기 생산동 현장진단이 있습니다. 생산라인 최초 시작점 부터 완성된 제조품이 나오는 부분까지 전체를 둘러보면서 어제 인터뷰 때 이슈가 되었던 3가지 영역을 중점적으로 확인할 예정입 니다. MS^2와 SNS는 제가, 생산동 혼재근무로 인한 작업연계는 정 대리가 메인으로 담당하겠습니다."

"서준 씨 같은 경우는 청소기 생산현장을 처음 보기 때문에 어떻게 생산되는지 전체적으로 보는 것도 도움이 될 것 같네요. 잘 보시고요. 현장 설명은 김 차장님께서 하실 예정이신가요?"

"네. 김 차장께서 설명을 해 주실 거고, 박 부장님도 현장진단 때 함께 하실 예정입니다."

송 팀장은 돼지국밥을 뜨는 둥 마는 둥 했다. 돼지국밥을 좋아하기도 하고 전날 저녁에 소주를 좀 마셔서 해장을 하고 싶었지만, 어제 성학기전 박 부장과의 인터뷰에서 마음에 걸렸던 3가지가 머릿속을 떠나지 않아 빨리 현장에서 확인하고 싶었기 때문이다.

청소기 생산동 1층

"팀장님, 잘 쉬셨는지요? 어제 맛있는 회 아주 잘 먹었습니다."

"네, 김 차장님. 저도 오랜만에 차장님과 직원들이랑 같이 저녁 식사해서 좋았습니다. 자주 출장 와서 이런 자리 가지도록 하겠습니다. 그럼 현장진단 시작해 볼까요? 어디부터 가면 되나요?"

"네, 2층부터 보시겠습니다."

(1) MES를 통한 원청 사업으로 실질적 편입 및 작업지시 여부 확인

청소기 생산동은 총 2층으로 구성되어 있다. 1층은 내수용 모델을 생산하고, 2층은 수출용 모델을 생산한다. 각 층별로 연구개발팀과 제조팀이 같이 있어 현장에서 연구개발과 생산이 현장에서 같이 이루어지고 있다. 청소기 매출액의 대부분을 차지하는 1층 내수용 모델은 생산라인이 4개이고, 2층 수출용 모델은 생산라인이 2개이다. 해외사업은 이제 막 시작하는 단계여서 내수용보다는 생산라인이 적다.

"청소기는 크게 4가지로 구성됩니다. 쓰레기와 먼지를 모으기 위한 수집 장치, 청소기 돌릴 때 바닥에 대고 먼지를 흡입하는 부분이라고 이해하시면 되겠습니다. 두 번째로 수집된 쓰레기와 먼지를 이동시키는 수집폐기물 수송 장치, 청소기 파이프와 호스 부분이죠. 세 번째로 전기를 공급받는 전원장치, 마지막으로 쓰레기와 먼지를 모아서 여과시켜주는 집진장치와 여과장치로 구성됩니다. 전원장치, 집진장치, 여과장치는 저희가 직접 생산하고 있고 수집 장치와 수집 폐기물 수송 장치는 협력사에서 만들어서 납품받아 저희가 여기서 조립해서 최종 생산을 합니다. 지금 보시는 1라인이 전원장치를 만드는 라인입니다."

"1라인에는 우리 직원만 있는 건가요?"

"네, 강 과장님. 예전에는 협력사 직원도 같이 근무했는데 제조팀에서 라인구성 변경을 하면서 명송 직원만 작업하고 있습니다. 꽤 오래되었습니다. 10년 넘은 것 같은데요?"

"그러면 우리가 협력사에서 공급받은 수집 장치나 수집 폐기물 수송 장치 등은 어떻게 발주요청을 하고 납품을 받나요?"

"MS²이라는 생산관리시스템을 통해서 하고 있습니다. 지금 잠깐 보실까요?"

라인 옆 제조팀 조장 자리인 듯하다. 제조팀 일반직 직원은 사무실에서 생산계획 등의 업무를 하고, 반장과 조장의 경우에는 라인 옆에 별도의 파티션으로 사무공간을 두고 있었다. 현장에 이슈 발생 시 신속한 대응을 위해서 사장님께서 직접 자리 조정을 지시하신 결과이다.

"보시는 시스템이 바로 MS²입니다. 저희 생산계획이 확정되면 이 시스템에 반영이 됩니다. 그러면 생산 모델별로 필요한 부품수량과 납기가 정해져서 협력사별로 배정이 됩니다. 그러면 협력사에서는 이 시스템에 들어와서 부품수량과 부품별 납기를 확인한 후 협력사에서 생산해서 저희 쪽으로 납품을 하게 됩니다. 납품 후에는 매월 실적을 카운트해서 부품당 단가를 곱해 익월 도급비로 지급을 하고 있습니다."

"MS² 시스템은 우리 연구개발팀이 만든 거죠?"

"우리 연구개발팀이 외부 시스템업체와 프로젝트를 해서 만들었던 걸로 알고 있습니다."

"우리가 투자해서 만든 것이어서 우리 자산이겠네요? 그러면 성학기전은 이 시스템을 무상으로 쓰고 있는 건가요? 아니면 사용료를 내고 있나요?"

옆에 같이 현장을 돌던 박 부장이 대답한다.

"네, 강 과장님. 어제 말씀드린 것처럼 따로 사용료를 지급하고 있지는 않습니다."

"그러면 부장님, 시스템 접근 권한은 누구에게 받으셨나요? 우리 명송 직원과 협력사의 시스템 권한은 같은가요?"

"시스템 권한은 명송 제조팀에서 받았습니다. 협력사별로 계정은 하나 있습니다. 그것을 통해서 납품해야 할 수량과 납기를 확인하고 있습니다. 시스템 권한범위는 명송 직원과 협력사는 다른 걸로 알고 있습니다. 우리는 우리 성학기전과 관련된 것만 볼 수 있습니다."

"네, 맞습니다. 명송 청소기사업부 제조팀에서는 생산과 관련된 전체 생산계획과 협력사별 납품계획과 실적에 대해서 실시간으로 볼 수 있게 되어 있고요. 성학기전과 같은 협력사는 자기 협력사와 관련된 정보만 볼 수 있습니다."

김 차장이 MS² 시스템을 하나씩 클릭하면서 설명해 줬다. 생산계획, 납품실적, 라인현황 등등의 카테고리별로 들어가서 설명을 해주는데 정확히 무슨 의미인지는 확실히 모르겠지만 청소기 생산과 관련한 모든 정보가 반영되어 있는 듯하다. 그리고 박 부장이 본인 아이디로 로그인해서 성학기전의 납품정보에 대해서 설명했다. 명송 시스템 권한과 비교했을 때 명확하게 명송과 성학기전의 권한 차이를 확인할 수 있었다.

"그러면 차장님, MS² 시스템은 우리가 협력사에 발주 요청을 하고 협력사에서는 납품정보를 확인해서 협력사에서 부품을 생산해서 납기에 맞춰 납품하는 용도로 사용되는 것이네요."

"네, 맞습니다. 강 과장님."

"만약에 부품 치수 등과 같은 부품 자체의 스펙이 바뀌었을 때는 MS² 시스템을 통해서 요청을 하나요?"

"보통 부품 스펙은 모델 생산 전에 확정이 됩니다. 확정된 스펙으로 협력사에서는 생산을 하게 됩니다. 생산 도중에 불량 등 품질 이슈로 부품 스펙을 변경할 경우 별도 스펙 공유회를 협력사와 실시하여 거기서 수정된 스펙으로 부품을 생산하게 됩니다. 하지만 급하게 스펙 수정이 있어야 할 때에는 MS²로 수정 스펙을 보내서 납품요청을 하기도 합니다."

"그런 경우는 많이 있나요? 월에 몇 번 정도?"

"많지는 않습니다. 거의 없고요. 있는 달에는 많아야 한두 번 정도입니다."

"김 차장님, 이렇게 수정 스펙을 MS^2 시스템으로 협력사에 보낸 실적을 최근 3년 치 정도만 뽑아서 저에게 보내주실 수 있을까요?"

"네, 알겠습니다. 현장진단 마치고 사무실 들어가는 대로 보내 드리겠습니다. 강 과장님."

송 팀장은 생산라인을 돌면서 하나씩 체크하면서 질문하는 강 과장이 믿음직스럽다. MS^{2}의 용도에 대해서 직접 시스템으로 확인 하고 이를 통해서 명송의 사업에 실질적으로 편입이 되는지 또 시스템을 통해서 작업지시가 이루어지는지에 대한 것도 확인하기 위해 추가 자료를 요청하는 등 꼼꼼히 체크하는 부분이 마음에 든다. 든든하다.

(2) 청소기사업부 생산동에서 혼재근무로 인한 작업연계 여부 확인

"박 부장님, 어제 성학기전 직원이 청소기 생산동에 근무한다고 하셨죠? 몇 층이죠? 몇 명 정도 있나요?"

"1층 납품처리장에서 6명 근무하고 있습니다."

"김 차장님, 저희가 울산2공장 오픈 전에 생산동에 협력사 직원이 같이 근무하면 안 되고, 부득이하게 근무할 경우에는 최소로 해야 한다고 의견을 드렸었던 것 같은데요. 협력사 직원과 명송 직원이 같이 일하게 되는 경우 어떻게 명송 공정이 이루어져야 되는지도 포함해서요. 성학기전이 6명이면 다른 협력사도 동일하게 이렇게 상주하는 인원들이 많을 것 같은데 몇 개 업체에 몇 명 정도 되나요?"

"아, 팀장님. 안 그래도 그것 가지고 생산실장님하고 제조팀장님하고 회의도 많이 하고 이야기를 나눴는데 신규 사업장이다 보니 부품공급 안정화를 위해서 직접 협력사에서 옆에서 관리해야 하지 않겠나라고 결정이 되어서……. 성학기전과 같은 협력사는 전체 8개 업체 정도가 있고 업체별로 5~6명씩 됩니다."

"성학기전까지 포함하면 50명 정도네요. 생산실장님도 알고 계신 거죠? 청소기 사업부장님은요?"

"생산실장님은 제조1, 2팀장님과 저와 같이 회의하셔서 알고 계십니다. 사업부장님께는 생산실장님께서 별도로 보고를 드리지 않았나 싶습니다."

"네, 알겠습니다. 그 현장으로 지금 가보시죠."

송 팀장은 2층에서 1층 계단으로 내려가면서 생각이 많아진다. 도급 리스크와 관련해서 임원급 조직책임자들 대상으로 교육하면서 그렇게 강조하고 설명해 드렸는데, 신규 사업장에 협력사와 혼재

근무가 되고 있는 상황을 직접 눈으로 보니……. 어떻게 해야 할지가 고민이다.

1층 납품처리장. 많은 10톤 화물차들이 부품 납품을 위해서 들어오고 나가고 있다. 납품차가 도착하니 납품처리장에서 대기하고 있던 협력업체 직원들이 부품이 적재된 대차를 차에서 내려서 협력사별 납품 적치장소로 이동시키고 있다. 그리고 일부 인원은 납품된 부품을 적치장소에 내리고 빈 공대차를 차량으로 옮기고 있다.

"김 차장님, 협력사별 차량 도착시간은 어떻게 확인하죠?"

"오늘 협력사별 납품 부품수량과 납기시간은 이렇게 모니터를 통해서 협력사별로 확인할 수 있습니다. 그리고 이 모니터를 통해서 어느 라인에 언제, 어떤 부품을 대차에 실어서 가져다주어야 하는지도 나옵니다. 그래서 협력사 직원들이 그것을 보고 순서대로 대차에 부품이 적입되었는지 확인한 후, 라인에 공급하고 있습니다. 협력사에서 납품차량 출발 전에 상주직원에게 별도로 SNS나 전화로 연락을 주기도 합니다."

납품적치장 옆에 파티션으로 구분되어 있는 별도의 사무공간이 있다. 8개 협력사별로 책상과 컴퓨터가 있고 탁자와 의자도 비치되어 있어서 회의도 가능해 보였다. 협력사 직원으로 보이는 인원들이 커피를 마시면서 이야기를 나누고 있었다. 납품적치장 옆 스탠드 모니터 상단에는 협력사 이름이 붙여져 있는데 아마 협력사별로 1개의 모니터가 있는 듯하다.

"그러면 여기가 협력사별로 청소기 생산동에 상주하는 인원이 근무하는 공간인가요?"

"네, 맞습니다. 협력사별로 책상도 있고, 여기 모여서 회의도 하고 휴식도 합니다."

"사무공간은 우리가 협력사에 임대해 준 것이고요?"

"아, 임대가 아니라 그냥 쓰고 있습니다."

"무상으로? 별도 임대차 계약 없이요? 강 과장! 서류 점검할 때 성학기전에서 여기 사무공간 임대차 관련 서류가 있었나요?"

"정확히 기억은 안 나는데 없었던 것 같습니다. 팀장님."

"그러면 스탠드 모니터, 이것도 우리 자산인데 협력사에서 그냥 쓰고 있는 것이고요?"

"네, 맞습니다. 팀장님. 아무래도 초기이다 보니까 생산 안정화를 위해서 부품공급이 적시에 이루어져야 하니 제조에서는 이렇게 할 수밖에 없었습니다."

한창 대화를 나누고 있는 옆 라인 홍 조장이 성학기전 김 과장을 부르는 소리가 들린다.

"김 과장! 잠깐만요."

"네, 조장님."

성학기전 김 과장은 자리에서 일어나 스탠드 모니터 옆에 있는 홍 조장에게로 갔다. 홍 조장은 명송 청소기사업부 제조1팀 3라인 조장이다. 홍 조장은 김 과장에게 스탠드 모니터를 보여주면서 한참을 이야기했다.

"김 차장님, 홍 조장님이 성학기전 김 과장에게 무슨 말을 하는 건가요?"

"아마 오후에 라인에 모델 변경이 있을 건데, 그와 관련해서 이야기하는 것 같습니다. 오늘 오전에 급하게 생산계획이 변경되었거든요. 모델 변경이 있을 때에는 그 모델에 맞는 부품이 공급되어야지 라인 정지가 없기 때문에 홍 조장이 그거 챙긴다고 불러서 이야기한 것 같습니다."

박 부장은 자리로 돌아오는 김 과장을 불러서 이야기를 나누고 있다. 무슨 내용이었는지 확인하는 것 같았다.

"송 팀장님, 오전에 생산 모델이 급하게 변경되어서 그와 관련한 이야기였답니다."

"그렇군요. 알겠습니다. 그러면 차장님, 생산계획이 갑작스럽게 변경되더라도 아까 말씀하신 MS² 시스템에 반영되지 않나요? 변경되면 협력사도 그것을 MS²를 통해서 확인할 수 있을 것 같은데요?"

"네, 맞습니다. 반영이 됩니다. 하지만 급하게 변경되는 경우에는 시스템에 누락이 되는 경우도 있고 반영이 늦게 되는 경우도 있어서 현장에서는 바로 옆에 있으니까 불러서 이야기를 하는 겁니다. 공장이 오픈한 지 얼마 되지 않아 갑작스런 모델 변경이 자주 발생하여 초기 안정화를 위해서 협력사 직원들을 상주시키게 된 것입니다."

"……."

송 팀장은 자연스럽게 홍 조장이 성학기전 김 과장을 불러서 업무와 관련된 지시를 하고, 마치고 난 다음 웃으면서 어깨를 툭툭 치며 자리로 돌아가는 홍 조장의 뒷모습을 보면서 씁쓸하다. 스탠드 모니터며 협력사 현장 사무실이며 전부 무상으로 쓰고 있는 지금, 이 상황을 어떻게 이해해야 하는 걸까.

(3) SNS를 통한 업무지시

"차장님, 그러면 라인생산계획 변경이나 부품 등으로 돌발 상황이 발생되어 라인이 정지되거나 하면 신속한 공유를 하기 위해서 SNS 단체방도 사용하고 계시겠네요?"

"네, 맞습니다. 저를 비롯한 제조팀장, 라인 반장, 조장, 협력사별로 직원 1~2명씩 다 들어와 있습니다. 어떤 라인에 부품 이슈가 발생하여 라인정지가 되면 바로 이 SNS 단체방을 통해서 공유가 되고, 해당 협력사와 해당 라인반 조장들이 모여서 문제를 해결하는 식이죠."

"그 SNS 단체방 잠깐 볼 수 있을까요?"

"네."

송 팀장과 강 과장은 김 차장의 휴대폰으로 SNS 이전 내용까지 쭉 훑어 봤다. 어제 회의실에 봤던 박 부장님의 SNS 단체방과 같은 것이었다.

"아……."

송 팀장은 짧은 탄식을 내뱉는다. 업무지시로 볼 수 있는 대화들이 너무나 많이 평상시 일상대화처럼 이루어지고 있었기 때문이었다. 김 차장은 본인의 휴대폰을 건네받으면서,

"팀장님, 라인에서 어떤 일들이 언제, 어디서 발생할지 모르기 때문에 부득이하게 이렇게 운영할 수밖에 없습니다. 물론 상생협력이나 제조 사무실에서는 이런 것에 대해서 계속 이야기하시고, 하면 안 된다고 가이드와 지침을 주시지만 저희 라인현장에서는 긴급상황에 대응하기 위해서는 어쩔 수 없이 할 수밖에 없습니다."

"네, 어떤 말씀이신지 충분히 이해합니다. 차장님, 하지만 이 부분이 처음인 것도 아니고 왜 하면 안 되는지에 대해서도 충분히 교육도 시켜드리고 말씀도 드렸는데 이렇게 현장에서 이루어지는 걸 보니 어떻게 해야 할 지 좀 고민이 됩니다. 알겠습니다. 다음으로 볼 곳은 어디인가요?"

"내수용 3라인으로 이동하시겠습니다."

울산2공장 회의실. 상생협력팀은 현장을 둘러보고 리뷰회의를 위해 회의실에 모였다.

"강 과장, 정 대리. 어제, 오늘 양일간 현장진단을 했는데 어땠나요? 개인별로 확인한 리스크가 될 만한 부분에 대해서 이야기해 봅시다. 강 과장부터 말씀하시죠."

"네, 팀장님. 저는 양일간 현장진단에서 협력사가 구비해야 할 서류들을 점검했고 박 부장님과 인터뷰, 오늘 현장을 같이 둘러봤습니다. 서류상으로는 미흡한 부분이 없었는데, 박 부장님과 인터뷰 때 확인된 3가지 이슈가 현장을 보니까 실제로 이루어지고 있었습니다."

"정 대리는 어땠나요?"

"네, 팀장님. 저도 강 과장하고 같은 생각입니다. 서류 부분에서는 문제될 것이 없었고요. 현장 돌면서 확인된 3가지를 이번 현장진단 개선과제로 뽑아야 할 듯싶습니다."

"하나씩 어떤 걸 확인했고, 무엇이 문제되는지 이야기해 봅시다. 강 과장부터."

◤ 현장진단으로 파악한 핵심 리스크

구분	확인 결과	핵심 리스크
1. MES 관련	• MS²를 통해 부품정보와 납기를 협력사에 전달, 협력사에서 확인 후 납기에 맞춰서 부품을 납품 (MS² 시스템 명송 자산, 협력사 무상 사용 중) • 부품 스펙 변경 시 MS² 시스템을 통한 직접 요청 • 스탠드 모니터를 통해 라인별 부품 납품시간 확인 후 라인에 공급(스탠드 모니터 명송 자산, 협력사 무상 사용)	원청 사업에 실질적 편입, 업무상 상당한 지휘·명령
2. 혼재근무 관련	• 청소기 생산동 1층 납품적치장에서 협력사 직원 상주 근무 중 • (주)명송전자 조장이 협력사 직원에게 구두로 업무 지시	원청 사업에 실질적 편입, 업무상 상당한 지휘·명령
3. SNS 관련	• (주)명송전자 조장이 SNS 단체방을 통해 협력사 직원에게 업무 지시	업무상 상당한 지휘·명령

　"첫 번째로 MES 시스템과 관련된 것입니다. 최근 판례에서도 MES를 통해서 업무지시를 하고 실질적으로 원청의 사업으로 편입되어 불법파견의 부정적 징표로 본 사례가 있어서 유의 깊게 봐야 할 것 같습니다. 원청은 도급과 관련된 정보를 협력사로 전달하는 시스템이라고 주장했는데, 재판부에서는 MES를 통해서 작업순서와 방법 등을 결정하여 하청업체가 원청의 사업에 실질적으로 편입했다고 판단했습니다. 우리의 경우에는 납품정보와 납기 등을 전달하는 것이어서 불법파견 이슈가 발생했을 때 충분히 다퉈볼 수 있을 것 같습니다. 다만, 급하게 부품 스펙이 변경되는 경우에는 MS² 시스템을 통해서 직접 요청하기도 해서, 이 부분은 별도로 들어 봐야 할 것으로 보입니다. 그래서 최근 3년 치 자료를 추가 요청했습니다."

"최근 대법 판결사건은 우리와 사실관계가 달라서 꼭 그 판결이 우리에게 적용된다고는 볼 수 없겠지만, 보수적으로 접근하여 성학기전이 MS^2 시스템을 통해서 우리 명송의 청소기사업에 실질적 편입이 안된다는 논리와 작업지시가 아닌 작업정보를 전달한다는 논리를 뒷받침할 수 있는 근거를 마련해야 하겠습니다. MS^{2}를 통한 스펙 변경 요청도 얼마나 자주 발생하는지, 도급업무의 완성을 위한 것으로 볼 수 있는지 등을 검토한 후 필요하다면 개선방향을 설정해야 할 것 같고요."

"네, 팀장님. 그것은 자료가 오는 대로 검토하고, 결과 보고서 작성할 때 반영하겠습니다."

"두 번째로는 뭐가 있었죠? 정 대리?"

"두 번째는 청소기 생산동 1층 납품 적치장에 협력사 직원이 근무하고 있어서 그에 따른 작업지시가 있었습니다. 50여 명의 협력사 인원이 당사 사업장의 일부와 비품 등을 무상으로 사용하고 있다는 점, 당사 소유의 스탠드 모니터를 통해서 라인별 부품 납품시간을 확인하고 공급한다는 점, 그리고 당사 직원이 협력사 직원에게 구두로 작업지시를 하는 점 등을 개선해야 할 것으로 보입니다."

"그래서 사업장 오픈하기 전에 그렇게 강조하고 청소기사업부에 의견도 드리고 했는데, 결국 현장에는 반영이 안 되어 있어서 안타까웠습니다. 어떻게 해야 할지가 고민이네요. 세 번째는 뭐죠?"

"세 번째는 아무래도 같이 옆에서 근무하다 보니 구두로 작업지시를 할 뿐 아니라 SNS를 통해서도 작업지시가 일어나고 있었습니다. 팀장님과 제가 같이 본 그 SNS만 보더라도. 그러면 성학기전을 제외한 다른 협력사 직원들도 같이 그 단체방에 들어와 있기 때문에 이것을 개선과제로 잡아야 할 듯 싶습니다."

"우리가 예상한 대로 3가지가 문제네요. 최근 판례에서 이슈가 되고 있는 MES를 통한 원청으로의 실질적 편입과 관련 사건에서 항상 중요한 요소로 언급되어 왔던 업무상 상당한 지휘 · 명령적 요소를 개선해야 할 것 같습니다. 그럼 이 부분을 결과 보고서에 담아서 보고드리고, 현업부서와 공유회를 가지도록 합시다."

"네, 알겠습니다. 팀장님. 지금 간단하게 차장님께 진단결과에 대해서 공유해 드리고 현장진단 일정은 마무리하겠습니다."

"네, 그러시죠. 지금 차장님께 가서 결과를 공유합시다."

현장진단 실무 체크포인트

구분	주요 체크포인트
서류점검	• 하청 등 수급인의 실체성과 근로자파견 여부를 확인할 수 있는 서류요청 및 현장점검(서류목록 예시 본문 참조) – 서류가 많을 경우 현장점검 시 시간이 많이 소요되므로, 사전에 요청한 후 검토 필요 – 현장점검 시 미비서류 및 추가요청 서류가 있는 경우, 확인 후 결과 보고서 반영 필요
인터뷰	• 최근 법원에서 불법파견 판단기준 중 주요 판단지표로 사용되는 ① 업무상 상당한 지휘·명령, ② 원청 사업으로의 실질적 편입을 중점적으로 확인[64]
현장진단	• 서류점검과 인터뷰를 통해 확인 필요사항을 현장진단 때 꼭 확인 필요 – 특히, 업무상 상당한 지휘·명령 여부, 원청 등의 사업으로의 실질적 편입 여부를 중점적으로 확인 • 궁금한 사항에 대해서는 원청 관리자나 협력사 현장대리인을 통해 현장에서 직접 확인 필요 • 협력사 직원들이 작업 중에 현장진단을 할 경우 작업에 방해가 되지 않도록 해야 하며, 현장진단에 대해 불필요한 오해가 없도록 사전에 협력사 현장대리인을 통한 협조 요청 필요 • 서류점검, 인터뷰, 현장진단을 통해 점검된 사항에 대해서는 현장에서 리뷰회의를 통해서 간략히 정리하는 것이 필요

• 협력업체 현장대리인, 원청 관리부서 최소 각 1명 이상 인터뷰 실시
• 협력사에는 인터뷰와 관련하여 오해가 없도록 현업부서를 통해 사전에 취지 설명 및 협조 필요

---

64 서울고등법원 2020. 12. 2. 선고 2019나2041509 판결

6
Solution

결과보고와 현업 공유회는
어떻게 준비해야 할까?

굿바이 불법파견
헬로우 준법도급

사내노무사인 기업 현직 팀장이 직접 쓴
불법파견 리스크 예방을 위한 7가지 솔루션

6 Solution
결과보고와 현업 공유회는 어떻게 준비해야 할까?

(주)명송전자 상생협력팀 사무실

3주간의 현장진단이 지난주에 드디어 마무리되었다. 5월 말부터 사업장을 다니면서 진단을 하느라 오랜만에 팀원들을 만나서 그런지 송 팀장은 그저 반갑기만 하다. 사장님과 경영지원실장님께 보고를 드리기 위해서 결과 보고서에 어떤 내용을 담을지, 어떤 방향으로 작성할지에 대해서 팀 전체가 회의를 하기로 했다.

"3주 동안 사업장 현장진단 다니시느라 수고 많으셨습니다. 오랜만에 만나서 그런지 반갑네요. 오늘 회의 마치고 팀 회식이나 하시죠."

"안 그래도 팀장님, 현장진단 나가기 전에 팀원들한테 오늘 리뷰 회의 마치고 회식하자고 이야기했었습니다. 메뉴도 돼지갈비로 정해서 예약까지 했습니다."

"그래요? 잘하셨네요. 돼지갈비 좋죠. 회사 근처에 맛집으로 소문난 그 집인가요?"

"아, 팀장님. 그 집은 웨이팅도 길고 또 예약이 안돼서, 조금만 더 걸어가면 괜찮은 곳이 있어서 그쪽으로 예약을 했습니다. 몇 번 가서 먹어봤는데 맛있었습니다."

"네, 알겠습니다. 미식가인 윤 차장이 섭외했다는데 그쪽으로 가시죠. 얼른 회의 시작합시다. 이 대리, 개인별로 진단결과는 작성할 것이고, 전체 취합은 이대리가 할 거죠? 계획보고도 이 대리가 했으니까."

"네, 제가 파워포인트로 작성할 예정입니다."

"보고서는 어떤 흐름으로 작성하려고 하나요?"

◣ 준법도급 진단결과 보고서 목차

1. 진단개요
   - 일정, 대상, 주요 경과, 진단기준, 진단방법(정량적 진단Tool)

2. 진단결과
   - 각 사업장별 점수, 불법파견 판단 점수와 비교, 위험사업장 선정

3. 각 사업장별 리스크 현황 및 개선과제
   1) 현재 리스크
   2) 개선방향 설정
   3) 개선방안 제안
   4) 개선 시 리스크 수준(정량적 진단Tool 점수)

4. 향후 계획
   1) 현업 결과 공유회 일정
   2) 하반기 점검 시 개선과제 이행관리 일정

 준법도급 진단결과 보고서 목차

(1) 진단개요

"먼저 진단개요에서 진단일정과 진단대상, 주요 경과에 대해서 설명한 후에 진단기준과 함께 정량적 진단Tool에 대해서 설명해 드리려고 합니다. 진단이 어떤 과정으로 실시되었고, 진단기준이 어떻게 되며, 이것을 정량화한 기준이 무엇인지에 대해서 처음에

설명을 드려야 사장님과 경영지원실장님께서 이해하시기 쉬울 것 같습니다."

"진단기간과 대상은 실제 한 것을 정리하면 될 것 같고요. 진단 경과는 어떻게 작성할 건가요?"

"저희가 사전 판례 분석하고 진단Tool 만드는 과정을 일자별 플로 차트로 간략히 표현하면 어떨까 싶습니다. 그냥 현장 출장 가서 진단한 것이 아니라 진단을 위해서 많은 준비가 필요하다는 점을 좀 어필하고자……."

"어떤 의미인지 알겠어요. 윗분들은 그냥 나가서 진단하는 거 아니야?라고 생각하실 수 있으니 나가기 전에 우리가 준비했던 일과 과정을 보여드리고 싶다는 거죠?"

"네, 맞습니다. 팀장님."

"그래요. 일단 작성해 봅시다. 내용이 많으면 그 부분은 보고서에 담지 않아도 될 것 같아요. 필요하면 구두로 설명해 드리면 되고요. 또 평소에 제가 실장님께는 계속해서 말씀드리고 있는 부분이어서요."

"네, 알겠습니다. 우선 작성해 보고 내용이 많을 경우 제외하겠습니다."

"진단기준은 하청 등 수급인의 실체성 여부와 근로자파견 여부에 관한 대법원 기준 설명을 간략하게 정리하면 될 것 같고요. 진단

방법에서 정량적Tool에 대해서는요? 양이 제법 많을 것 같은데요?"

"정량적 진단Tool 수립절차에 대해서 설명하면서 각 절차별로 고려한 요소에 대해서 간략하게 작성할까 싶습니다. 세부적인 내용은 별첨으로 돌리고, 보고 간 질문하실 경우 별첨을 보여드리면서 설명하면 될 것 같습니다."

"사장님이나 실장님 같은 경우는 우리 사업장이 어느 정도 리스크가 있는지에 관심이 있으실 테니 정량적 진단Tool 중에서 불법파견 판단점수 설정하는 부분에 대해서만 좀 더 구체적으로 기재하면 좋을 것 같아요. 다음은요?"

(2) 진단결과

"진단개요에 대해서 간략히 설명한 후에는 각 사업장별 진단결과를 정량적 진단Tool로 항목별 점검수치를 기재해서 그래프로 표현할까 싶습니다. 사업장별 비교도 한 눈에 볼 수 있고 또 불법파견 판단 점수와 비교를 통해서 위험한 사업장을 표시한다면 전사의 도급 리스크 수준에 대해서 볼 수 있을 것 같습니다.

"좋습니다. 다만, 진단 항목 전체를 표시하면 한 장에 들어가는 내용이 너무 많아 혼란스러울 것 같습니다. 판단기준별로 합산한 점수를 기재해서 그래프로 그려보는 게 어떨까 싶네요. 물론 세부 항목별 진단 점수는 첨부로 사업장별로 추가하면 될 것 같고요. 그리고 제일 관심 있어 하시는 불법파견 판단 점수를 기준으로 각 사업장이 현재 어떤 수준인지를 보여주는 것이 핵심일 것 같습니다."

"네, 알겠습니다. 팀장님."

"서준 씨!"

"네, 팀장님."

"결과 보고서를 작성할 때에는 보고 받는 사람의 입장에서 이해하기 쉽게 작성해야 합니다. 물론 우리가 전달해야 할 사항을 잘 반영해서요. 우리가 진단을 많이 해서 결과를 전부 보고드린다면 사장님이나 실장님 등 경영진에서는 다 이해도 못하시고 소화하시기도 힘드시거든요. 이런 측면에서 본다면 준법도급 진단결과 보고를 할 때 가장 중요한 것이 무엇일 것 같나요?"

"……."

"진단결과 사업장별 리스크가 어떤 수준이고 가장 위험한 사업장은 어디고 무엇이 문제인지, 또 그것을 해결하기 위해서는 우리가 무엇을 해야 하는지를 이해하시기 쉽게 표현하는 것이 핵심입니다. 그래야지 궁극적으로 우리가 하려고 하는 전사의 도급 리스크를 낮출 수 있기 때문입니다. 그런 관점으로 지금 회의가 어떻게 진행되는지 보시면 도움이 되실 거예요."

"알겠습니다. 팀장님."

(3) 각 사업장별 리스크 현황 및 개선과제

"각 사업장별 리스크 현황과 개선과제는 어떻게 풀 생각인가요?"

"진단대상 10개 사업장을 리스크가 높은 사업장부터 낮은 사업장 순서로 각 사업장별로 한 장씩 설명을 할까 합니다. 판단기준에 따라 현재 리스크를 도출한 후, 전체적인 개선방향과 각각의 리스크에 대한 세부 개선방안을 제시하는 형식으로 정리할 생각입니다."

"리스크별로 개선방안을 모두 도출할 거죠? 그러면 내용이 많아서 PPT 한 장에 다 담기 불가능할 것 같은데요?"

"네. 그래서 사장님과 실장님 보고 자료에는 리스크별 개선방안의 제목과 내용을 요약해서 간략히 기재한 후 그 개선방안을 실행하면, 개선 후 리스크 수준의 전과 후를 비교하는 그래프로 그리고자 합니다. 그리고 개선방안 세부내용은 첨부로 돌리고 현업부서와의 공유회 자료에는 개선방안 세부내용을 요약 장표 뒤에 하나씩 추가할 예정 입니다."

(4) 향후 계획

"마지막으로 향후 계획은 이번 진단대상 10개 사업장을 담당하는 현업부서와의 공유회 계획과 하반기 준법도급 진단 일정을 포함시키 려고 합니다. 현업부서와 공유회 날짜는 다음 주 중으로 협의 중이고, 장소는 서울 본사에서 진행하도록 하겠습니다."

"참석 대상자는?"

"사업장별 담당 제조팀 팀장, 실무자, 라인 반장, 조장들을 대상으로 생각하고 있습니다."

"생산실장님도 참석하셔야 될 것 같습니다."

"생산실장님도요?"

"네. 울산 현장진단 가서 봤는데 개선해야 할 부분에 대해서 팀장 선에서는 의사결정이 안 될듯싶습니다. 생산실장님께 지금 리스크 수준이 어떤 상태인지 정확하게 말씀드리고 무엇을 어떻게 해 주셔야 할지 그 자리에서 의사결정을 받는 것이 좋을 것 같습니다."

"네, 알겠습니다. 생산실장님들도 참석하실 수 있도록 협의하겠습니다."

"그리고 서울 본사에서 대면회의로 진행하는 것이 사안의 중요성이나 요청사항에 대한 전달력은 높을 것 같은데, 거의 대부분 참석하는 사람들이 지방에 있어서 출장을 다들 오셔야 하니까. 화상회의를 하는 방법도 같이 검토해 봅시다."

"네, 알겠습니다. 팀장님."

"이 대리, 그러면 몇 페이지 정도 나올 것 같나요?"

"진단개요 1장, 진단결과 2장, 각 사업장별 리스크 현황 및 개선 과제는 메인 페이지 1~2장, 첨부는 사업장별로 2~3장 정도 하면 될 것 같고, 향후 계획 1장까지 하면 메인 페이지는 6~7장 정도 될 듯합니다."

"음, 6~7장은 이 대리가 의지를 가지고 작성할 때 최소로 줄인다면 나올 수 있을 것 같고요. 작성하다 보면 10장 정도는 되지 않을까 싶네요. 10장 정도면 내용이 많아서 사장님이나 실장님 모두 집중해서 보고 받으시기 어려울 수 있으니, 제일 첫 페이지에 전체 내용을 요약해서 추가해 봅시다. 제목을 Executive Summary로 하고, 좌측에는 각 사업장별 리스크 수준과 불법파견 판단 점수를 기준으로 위험도가 높은 순서로 정리해 주시고, 우측에는 핵심 리스크별 개선 방안에 대해서 정리하고, 하단에는 향후 현업 공유회와 하반기 진단 일정을 포함하면 될 것 같네요. 일단 한번 작성해 보시고 같이 검토해 봅시다."

"네, 알겠습니다. 팀장님."

◣ 준법도급 진단결과 보고서 최종 목차

1. Executive Summary(추가) / p.1
   - 각 사업장별 리스크 수준, 핵심 리스크별 개선방안, 향후 일정

2. 진단개요 / pp.1~2
   - 기간, 진단대상, 주요 경과, 진단기준, 진단방법(정량적 진단Tool)

3. 진단결과 / pp.1~2
   - 각 사업장별 점수, 불법파견 판단 점수와 비교, 위험사업장 선정

4. 각 사업장별 리스크 현황 및 개선과제 / pp.2~3(사업장별 세부내용 pp.2~3 첨부)
   1) 현재 리스크
   2) 개선방향 설정
   3) 개선방안 제안
   4) 개선 시 리스크 수준(정량적 진단Tool 점수)

5. 향후 계획 / p.1
   1) 현업 결과 공유회 일정
   2) 하반기 점검 시 개선과제 이행관리 일정

* 메인 보고장표 10페이지 이내 / Executive Summary에 핵심 내용이 담길 수 있도록 작성

"준법도급 진단결과 보고서는 이렇게 정리하면 될 것 같습니다. 각 담당자별로 사업장별 진단결과를 작성해 주시고, 이 대리가 최종 결과 보고서를 작성해 주시기 바랍니다. 언제까지 초안이 나올 수 있을까요?"

"지난주부터 개인별로 결과 보고서 작성 중이어서 금주 목요일까지 초안 보고드리겠습니다."

"차주에 우리 실장님께서 출장을 가셔서 금주 중에는 보고 완료하는 게 좋을 것 같아요. 하루만 당겨 봅시다. 수요일까지 초안을 보고해 주시면 제가 검토해서 수정한 후 목요일, 금요일에 실장님하고 사장님께 보고드리면 좋을 것 같습니다."

"네, 팀장님. 수요일까지 초안 보고드리도록 하겠습니다."

2 개선방안 제안

"네, 그리고 서준 씨!"

"네, 팀장님."

"현업과 결과 공유회 할 때 무엇이 가장 중요할까요? 목차 중에서 고른다면?"

"음, 4번 각 사업장별 리스크 현황 및 개선과제가 가장 중요할 것 같습니다."

"이유는요?"

"준법도급 진단이 리스크를 확인하고 개선해서 결국에는 불법파견 리스크를 낮추는 것이 목적이기 때문에 4번이 가장 중요하고, 현업 부서에 잘 전달해야 할 것 같습니다."

"4번 각 사업장별 리스크 현황 및 개선과제 중에서는 무엇이 가장 중요할까요?

"음, 전부 다 중요할 것 같습니다."

"물론 다 중요하죠. 그래도 하나만을 꼽는다면 3) 개선방안 제안을 가장 중요하다고 보셔야 합니다. 준법도급 진단을 해서 '무엇이 문제이고 리스크가 있으니 개선하세요.'라고만 하면 과연 현업부서에서 우리가 원하는 수준으로 잘할 수 있을까요? 그분들은 제조가 본인들의 직무입니다. 생산에 초점이 맞춰져 있죠. 그런데 지원부서에서 이래라저래라 하면 본인들 업무도 바쁜데 이런 일까지 시킨다며 불만이 있을 수가 있어요. 왜 이것을 해야 하는지에 대해서는 현업부서에서 다들 이해하고 계십니다. 하지만 본인 직무가 제조인데 준법도급 리스크 개선을 먼저 하기가 쉽지 않지요. 그렇기 때문에 실질적인 개선방안에 대해서 제시를 해주고 상생협력팀과 함께 한 번 해봅시다라는 것으로 만들어야 합니다."

"네, 알겠습니다. 팀장님. 현업의 입장을 고려한 개선방안이 되어야 하겠네요."

"그래야지 실질적인 개선이 현장에서 이뤄질 수 있으니까요. 서준 씨는 그렇게 이해해 주시고요. 각 사업장별로 리스크 수준이나 개선 방향이 다 다를 건데 팀원들 결과 정리하면서 공통적으로 이슈가 된 사항이 있던가요?"

"울산에서 팀장님과 같이 보았던 이슈사항 3가지가 다른 몇몇 사업장에서도 문제가 되었습니다. 다른 리스크는 현업부서에 개선 방향과 함께 개선방안을 제안해 드리면 하반기 중에는 개선이 될 수 있을 정도로 마이너한 거였습니다. 이번 진단은 3가지 핵심 리스크에 대해서 집중적으로 개선방안을 검토하면 될 것 같습니다."

◤ 현장진단으로 파악한 핵심 리스크

구분	확인 결과	핵심 리스크
1. MES 관련	• MS²를 통해 부품정보와 납기를 협력사에 전달, 협력사에서 확인 후 납기에 맞춰서 부품을 납품(MS² 시스템 명송 자산, 협력사 무상 사용 중) • 부품 스펙 변경 시 MS² 시스템을 통한 직접 요청 • 스탠드 모니터를 통해 라인별 부품 납품시간 확인 후 라인에 공급(스탠드 모니터 명송 자산, 협력사 무상 사용)	원청 사업에 실질적 편입, 업무상 상당한 지휘·명령
2. 혼재근무 관련	• 청소기 생산동 1층 납품적치장에서 협력사 직원 상주 근무 중 • (주)명송전자 조장이 협력사 직원에게 구두로 업무 지시	원청 사업에 실질적 편입, 업무상 상당한 지휘·명령
3. SNS 관련	• (주)명송전자 조장이 SNS 단체방을 통해 협력사 직원에게 업무 지시	업무상 상당한 지휘·명령

(1) MES 관련

"윤 차장! 최근 MES 관련 판례가 나왔죠? 그때 재판부에서는 어떻게 판단했나요?"

"네, 팀장님. 최근 대법원[65]에서는 근로자파견의 판단기준으로 MES, 즉 전산관리시스템에 의한 작업지시를 인정했습니다. 원청의 생산공정은 전산관리시스템에 의해서 관리되고 있었고, 이 시스템을 통해서 전달받은 바에 따라 협력사 직원들이 협력 작업을 수행하여 결국 원청이 전산관리시스템을 통해서 작업지시를 했다고 판단했습니다. 이에 관련 하급심에서 판결 이유를 찾아서 정리해 보았습니다."

"협력 작업이요?"

"대상판결의 2심[66]에서는 원청 직원이 수행하는 생산공정과 협력 업체 직원들이 수행하는 보조공정은 유기적으로 연결되어 있고 교대로 수행되기도 하는 등 각 세분화된 작업이 서로 맞물려 있다라고 봤습니다. 제철소에서 완제품을 생산하는 주요 공정은 원청이 수행하였고 협력사 근로자들은 자동화가 불가능한 구간에서 크레인, 지게차 등을 이용하여 운반하는 업무를 수행하였습니다. 이에 재판부는 원청과 하청 근로자들은 서로 유기적으로 맞물린 세부 공정을 실행하면서 분업적 협업관계를 통해 공동으로 업무수행을 하였다고 판단하여

---

65 대법원 2022. 7. 28. 선고 2021다221638 판결
66 광주고등법원 2021. 2. 3. 선고 2019나21018 판결

216 ——— 굿바이 불법파견 헬로우 준법도급

생산공정의 연속성을 인정해서 협력업체 직원들이 원청의 사업에 실질적으로 편입되었다고 판단하였습니다."

"재판부에서는 원·하청 간에 업무의 관련성, 생산공정의 연속성, 분업적 협업관계를 기준으로 하청업체 근로자가 원청 사업에 실질적으로 편입되었는지를 판단한 거군요."

"네, 맞습니다. 팀장님."

"업무상 상당한 지휘·명령은 어떤 기준으로 판단하였죠?"

"여기서 재판부는 원청이 MES를 통해서 협력업체 근로자들에게 작업대상, 작업위치, 작업순서 등에 관해서 지시를 했다고 판단하였습니다. 판결 이유는 2심 판례[67]에서 찾아서 정리해 봤습니다."

- MES는 작업내용, 작업장소, 작업위치, 작업순서 등과 같은 구체적인 공정 계획을 자동으로 생성하여 협력업체 소속 근로자들에게 전달한다. 협력업체 소속 근로자들은 MES를 통해 전달받은 바에 따라 협력 작업을 수행한다.

- MES를 통해 작업대상인 압연코일의 특정, 그 코일을 운반해야 할 위치, 작업해야 할 코일의 순서 등이 수신되면 협력업체 근로자들은 임의로 이를 수정·변경할 수 없고, 원칙적으로 그 정보에 정해진 바에 따라 작업을 수행해야 하는 것이다.

---

67 광주고등법원 2021. 2. 3. 선고 2019나21018 판결

- MES상으로 전달된 정보 등을 바탕으로 협력업체가 그 재량과 판단에 의해 해당 작업을 수행하는 것이 아니라는 점에서 원청의 MES를 통한 정보 제공이 문자 그대로 정보 제공 차원에서 이루어진다고 볼 수 없다.

- 원청의 협력사 근로자에 대한 지시는 어디까지나 협력사의 계약이행을 보조하는 것에 그쳐야 하고, 그러한 지시는 도급의 목적물(노동의 결과)에 관한 지시여야 한다. MES를 통한 전자적 지시는 협력업체 근로자들의 작업대상, 작업방법 등에 관한 구체적 내용을 포함하고 있기 때문에 그것이 도급의 목적물 내지 그 품질의 담보를 직접적으로 겨냥한 것이라고 보기는 힘들다.

1) MS² 시스템을 통해 부품정보를 협력사에 전달하는 것에 관한 판단

"우리가 성학기전에 MS² 시스템을 통해서 납품정보를 전달하는 것이 성학기전의 작업내용, 작업장소, 작업위치, 작업순서 등에 대해서 구체적으로 지시를 한 것으로 볼 수 있을까요? 강 과장 생각은 어때요?"

"업무상 상당한 지휘 · 명령이라고 볼 수는 없을 것 같습니다. 말 그대로 성학기전이 우리와 계약을 맺은 도급의 완성물인 청소기 부품 공급을 위한 정보제공입니다. 부품의 수량과 납기에 관한 정보를 제공하는 것이므로 업무지시는 아닙니다. 그리고 또 성학기전에서는 이런 정보를 받아서 본인들이 생산계획을 수립하고 작업시간과 작업순서를 결정해서 작업을 한 후에 납품을 하기 때문에 더더욱 저희가 작업지시를 했다고 볼 수 없습니다."

2) 부품 스펙 변경 시 MS² 시스템을 통한 직접 요청에 관한 판단

"저도 같은 생각입니다. 우리와의 사실관계가 다르기 때문에 단순히 납품정보와 납기를 MES 시스템으로 전달했다고 해서 업무 지시성으로 판단받거나 이를 통해서 우리의 사업에 실질적으로 편입되었다고는 볼 수 없을 것 같아요. 그럼 급하게 부품 스펙이 변경되었을 때 MES로 요청하는 것은 업무지시성이 있다고 볼 수 있을까요?"

"이것 또한 업무지시성이 있다고 보기는 어려울 것 같습니다. 납품할 부품이 변경된 것에 대한 정보제공인 것이죠. 이렇게 변경 요청을 받더라도 성학기전에서 작업계획을 수립하고 작업시간과 순서를 결정해서 생산한 후에 저희 쪽으로 납품하기 때문에 리스크는 낮다고 판단됩니다."

"그래요. 그렇더라도 작업지시로 오인될 가능성이 아예 없는 것은 아니니까 스펙 공유회를 통해서 공식적으로 협의하고 공문으로 송부하는 것을 원칙으로 하고, MS²를 통한 변경 요청은 최소화하는 것으로 현업 공유회 때 피드백을 주도록 합시다. 참, 강 과장! 그때 MS²를 통한 부품 스펙 변경 요청 건수가 어느 정도 되던가요?"

"3년 치 자료를 받아서 분석해 보니까 연간 5건 미만으로 그렇게 많지 않았습니다. 수시로 이루어지지 않고 있어서 MS²를 통한 작업 지시 관련 리스크는 낮아 보입니다."

"아, 그리고 성학기전에서 우리 MS² 시스템을 무상으로 이용하고 있던데 유상사용계약을 체결하고 사용료를 받을 수 있도록 개선과제에 반영해 주세요."

"네, 알겠습니다."

3) 스탠드 모니터를 통해 라인별 부품 납품시간 확인 후 라인 공급에 관한 판단

"제가 봤을 때 가장 큰 문제는 스탠드 모니터인 것 같습니다. 강과장은 어떻게 생각해요?"

"네, 팀장님. 우리 명송 직원이 청소기를 제조하는 공정과 부품을 라인으로 공급하는 협력사 공정이 상호연계성이 있으므로 실질적 편입으로 판단되고, MS² 시스템과 연동되는 스탠드 모니터에 라인에 공급할 부품의 종류, 순서, 시기, 장소 등이 표시되므로 MS²를 통해 업무상 상당한 지휘·명령으로 판단될 가능성이 매우 높습니다."

"맞습니다. 이 부분이 가장 큰 리스크입니다. 강 과장, 그럼 이 리스크를 어떻게 개선하면 될까요? 생각해 본 개선방안이 있나요?"

"이를 해결하기 위해서는 우리 명송의 제조공정과 협력사의 라인 공급공정의 연계성을 끊어야 합니다."

"구체적으로 설명해 주세요."

◤ 공정 간 연계성 개선방안

구분	작업내용
현재	(성학기전) 부품 납품(대차) → 납품적치장 이동 / 공대차 회수 (명송전자) 스탠드 모니터로 라인별 공급부품 종류, 순서, 시기를 전달 (성학기전) 대차에 적재된 부품 종류, 순서 확인(필요시 순서 조정) 　　　　　　→ 라인에 공급
향후	(성학기전) 부품 납품(대차) → 납품적치장 이동 / 공대차 회수 * 생산계획에 따른 필요 부품의 종류와 순서에 맞게 대차에 적재하여 납품 * 상주직원이 라인별 부품 종류, 순서 최종 확인 (명송전자) 명송 직원이 필요 부품 납품적치장에서 라인으로 직접 공급 * 라인별 부품적치장 확보 * 적치 캐파 확대: 현재 4시간(0.5일) → 향후 최소 8시간(1일) 이상

"앞으로 성학기전은 생산계획에 따라 부품을 종류와 순서에 맞게 대차에 적재하여 (주)명송전자의 적치장소로 납품하고 공대차를 회수해 나가야 합니다. 여기까지가 협력사의 업무입니다. 협력사 상주직원이 없다면 가장 베스트이나 현장의 돌발 상황이 발생할 수 있으므로 업체별로 1명씩만 상주하게 하여 라인별 생산계획에 맞게 부품이 적재되었는지를 확인하는 작업을 수행해야 합니다. 물론 스탠드 모니터가 아닌 성학기전의 납품 계획서를 보면서요. 이렇게 되면 스탠드 모니터는 필요가 없게 됩니다."

"성학기전의 업무는 부품 납품과 공대차 회수, 라인별 부품적재 적정 여부 최종 확인만 하는 것이네요?"

"네, 맞습니다. 라인별 생산계획에 따른 부품공급은 명송 직원이 합니다. 이를 위해서는 라인별로 적치공간을 확보하는 것이 필요하겠으며, 적치 캐파 역시 현재 4시간에서 최소 1일 치로 늘려야 됩니다."

"적치 캐파를 4시간에서 최소 1일 치로 늘린다고요?"

"네, 팀장님. 최근 판례[68]에서는 개별 공정에서 작업 대상 물품의 재고분이 8시간 정도로 상당 부분 확보되어 있어서 공정 간 유기성을 완화하는 수단으로 기능한다고 판단했기 때문에 최소 8시간 정도의 캐파로 늘려야 합니다."

"그리고 우리 직원이 라인에 부품공급을 한다고요?"

"네, 이렇게 하지 않으면 공정 간의 연계성을 끊을 방법이 없습니다."

"인원이 더 투입되어서 제조에서 쉽게 오케이 안 할 것 같은데요? 공수가 늘어나니까 인원이 추가로 투입되어야 하고 그러면 원가도 높아질 것이고 또 인원이 그 업무를 할 수 있을지 모르겠네요. 협력사가 하던 업무인데 왜 우리가 하냐며 불만을 제기할 것이고, 더구나 노조가 있어서 쉽지 않을 것 같아 보입니다."

"그래도 공정 간의 연계성을 끊으려면 우리가 적치장에서 부품을 라인에 공급할 수밖에 없습니다. 팀장님, 인원 추가 투입으로 원가가 높아지는 것을 방지하기 위해서 적치장에서 라인까지 부품대차를 공급할 수 있는 AGV(Automated Guided Vehicles, 무인운반차)를 설치하는 것도 중장기로 검토할 수 있을 것 같습니다."

---

68 서울중앙지방법원 2015. 4. 17. 선고 2014가합550098 판결

"AGV를 도입한다?"

"도요타는 컨베이어벨트를 완전히 제거하고 AGV로 차량을 라인으로 이동시켜서 차량의 부품을 조립하는 새로운 컨셉의 공장을 선보였습니다.[69] 거기에서 착안하여 우리 납품부품 적치장에서 라인까지 AGV로 부품 대차를 이동시킨다면 인건비 이슈는 해결할 수 있을 것 같습니다."

"투자비 등도 고려가 되어야 하겠네요. 좋은 생각인 것 같습니다. 공정 간의 연계성을 차단하기 위해서 AGV를 도입하는 것을 제안하면 제조에서는 어떤 반응일지가 궁금하기도 합니다. 하지만 인원투입과 AGV 도입은 투자와 관련된 부분인데, 제조에서 의사결정을 하기가 쉽지는 않을 것 같습니다. 하지만 개선방안으로 충분히 제안해 볼 수 있을 것 같네요. 강 과장이 생각한 개선방안으로 정리하도록 합시다. 또 공정 간의 연계성을 분리시킬 수 있는 다른 방안이 있을까요?"

"팀장님!"

"네, 정 대리. 말씀해 보세요."

"납품장소를 납품 적치장이 아닌 라인으로 바꾸는 것입니다."

"라인 옆으로 납품을 한다?"

69 박정규 칼럼, 「자동차 산업 전환기, 도요타의 최신 공장」, 2022. 4. 14., http://post.naver.com

"네, 적치장을 라인 옆으로 옮기는 것이죠. 생산계획에 따라 부품 종류와 순서, 시기를 고려해서 성학기전에서 대차에 적재한 후 라인 옆으로 납품을 하면, 라인에서 작업하는 우리 직원이 그것을 순서대로 가져다가 조립하면 추가적인 인원투입 없이 공정 간 연계성을 차단할 수 있을 것 같습니다."

"라인 옆으로 부품을 납품하기 위해서는 무엇을 고려해야 할까요?"

"우선 라인 옆에 납품된 부품을 적치할 수 있는 공간이 있어야 하겠습니다. 현재 사업장에는 유휴 공간이 있는 것으로 알고 있습니다. 하계휴가 기간이나 추석, 설날의 명절 기간을 이용해서 라인 이설 공사를 할 수 있을 것 같습니다. 신규 사업장을 지을 때에도 이런 것들이 설계에 반영된다면 공장효율은 다소 떨어질 수 있으나, 공정 연계성으로 인한 리스크는 해소될 수 있을 것 같습니다."

"지금 현재 적치장 규모도 부품 납품 없이 생산을 4시간 정도 할 수 있는 캐파인데 그만큼의 공간을 라인별로 확보하기가 쉽지만은 않을 수 있겠습니다."

"라인별 적치 공간 확보가 어려울 경우에는 협력사에서 1일당 납품 횟수를 늘려서 라인에 공급하는 방법도 있을 것 같습니다. 물론 협력사에서 납품 차량 운행 횟수가 늘어나서 물류비용이 늘어나 단가가 올라가겠지만요."

"아, 그것도 방법이겠네요. MES 관련 리스크에 대한 개선방안은 이 정도로 정리하면 될 것 같습니다."

(2) 혼재근무, (3) SNS 관련

"팀장님!"

"네, 이 대리."

"이렇게 되면 혼재근무 관련한 사항도, SNS를 통한 작업지시도 자연스럽게 같이 해결될 것 같습니다. 상주하는 협력사 직원이 없으니 구두로 직접 지시도 없어질 것이고, SNS를 통한 업무지시도 없어질 것 같습니다. 강 과장님이 말씀하신 부품을 적치장소에 협력사가 납품하고 우리 명송 직원이 라인에 공급할 때에는 협력사별로 1명씩 상주하기 때문에 이 부분에서만 작업지시에 대해 주의시키면 될 것 같습니다."

"1타 3피네요. 하하. 이렇게 개선방안을 정리해 봅시다."

◤ 리스크별 판단 결과 및 개선방안

1. 리스크 판단 결과

구분	확인 결과	리스크 판단
1. MES 관련	• MS^2를 통해 부품정보와 납기를 협력사에 전달, 협력사에서 확인 후 납기에 맞춰서 부품을 납품(MS^2 시스템 명송 자산, 협력사 무상 사용 중) • 부품 스펙 변경 시 MS^2 시스템을 통한 직접 요청	리스크 低 (도급업무 수행 정보전달)
	• 스탠드 모니터를 통해 라인별 부품 납품시간 확인 후 라인에 공급(스탠드 모니터 명송 자산, 협력사 무상 사용)	리스크 高 (MES를 통한 직접 작업지시)
2. 혼재근무 관련	• 청소기 생산동 1층 납품적치장에서 협력사 직원 상주 근무 중 • (주)명송전자 조장이 협력사 직원에게 구두로 업무 지시	리스크 高 (협력사 직원에 대한 직접 작업 지시)
3. SNS 관련	• (주)명송전자 조장이 SNS 단체방을 통해 협력사 직원에게 업무 지시	
개선방향	명송과 협력사 공정 간 연계성 차단 - MES를 통한 작업지시, 혼재근무/SNS를 통한 작업지시 해결	

2. 개선방안(명송과 협력사 공정 간 연계성 차단 방안)

구분	주요내용
1안	부품공급을 명송전자 직원이 직접 실시 - 성학기전: 납품적치장에 부품 납품, 공대차 수거 - 명송전자: 납품적치장에서 필요부품 라인 공급, 공대차 납품 적치장으로 이동 * 고려사항: 추가 직영인원 필요, 공정변경 관련 노조협의
2안	부품공급 장소를 라인사이드로 변경 - 성학기전: 부품을 납품적치장이 아닌 라인별 적치공간에 납품, 공대차 수거 - 명송전자: 라인 옆 대차에 적재된 부품을 가져와 제조 조립 * 고려사항: 라인별 적치 공간 확보, 협력사 1일당 납품 횟수 증가에 따른 단가 상승
3안	AGV를 활용한 부품공급 - 성학기전: 납품적치장에 부품 납품, 공대차 수거 - 명송전자: 납품적치장에서 라인까지 AGV로 부품공급 * 고려사항: AGV 설치투자, 장기 관점 추진 필요

3   내부보고

금요일 오후 사장실

경영지원실장인 조 상무와 송 팀장은 사장님께 준법도급 진단 결과를 보고하기 위해 사장실 앞에서 대기 중이다. 다행히 보고서 초안은 회의에서 논의한 대로 잘 작성이 되어 추가로 수정이 없었고, 다음 주 경영지원실장 출장 전에 사장님께 보고할 수 있게 되었다.

"상무님, 팀장님! 사장님 통화 방금 끝나셔서 지금 들어가시면 되겠습니다."

비서인 이 지언 대리의 안내에 따라 조 상무와 송 팀장은 사장실로 들어간다.

"조 상무, 송 팀장! 무슨 보고인가?"

"올해 상반기 도급 진단결과를 보고드리려고 왔습니다."

조 상무는 결재판을 펼치면서 결과 보고서 요약 장표 한 장을 앞으로 내밀었다. 사전에 송 팀장이 조 상무에게 보고하는 과정에서 조 상무가 10장의 보고서는 사장님께서 다 안 보실 수 있으니 요약 장표 한 장으로 보고드리고, 추가로 질문을 하실 경우에 메인 보고서로 설명해 드리자고 해서 한 장으로 준비한 것이다. 송 팀장은 이 많은 내용을 한 장으로 보고하자는 조 상무의 관록과 자신감에 다시 한번 놀랐다.

"도급진단? 매년 하는 그것 말인가요?"

"네, 사장님. 올해 상반기 진단은……."

조 상무의 보고와 함께 김 사장은 보고서를 처음부터 끝까지 읽었다. 보고를 마치자 김 사장은 결재판을 덮고 송 팀장을 향해 질문한다.

"상생에서 진단했죠? 송 팀장이 보기에 가장 문제가 되는 것은 무엇이던가요?"

"우리의 생산관리시스템인 MS^2와 연동된 스탠드 모니터를 통해서 현장에서 협력사 근로자에게 직접 작업지시가 일어나고 있다는 점이 도급 리스크 측면에서 가장 큰 문제였습니다. 업무상 상당한 지휘 · 명령을 우리 명송이 협력사 근로자에게 하는 것으로 판단될 가능성이 높아 불법파견 소송이 발생하게 된다면 부정적인 증거로 활용될 것으로 보입니다."

"해결 방법은?"

"우리 직원의 공정과 협력사 공정 간의 연계성을 차단하는 방법이 있습니다. 단기적으로는 부품을 적치장에서 라인으로 우리가 직접 공급하는 방법과 협력사에서 부품을 라인 옆으로 납품하는 방법 2가지가 있고, 장기적으로는 부품 하치장에서 라인으로 옮기는 무인 운반차 설비투자 방안까지 총 3가지가 있습니다. 이 3가지를 실행하기 위해서는 공통적으로 라인별 부품 적치공간이 추가로 확보되어야 합니다."

"그 개선방안을 추진하면 문제는 없는가? 인원이 더 필요할 것 같고 생산라인도 이전해야 하고, 신규투자가 필요할 것 같은데? 얼마나 드는가?"

"예상비용에 대해서는 아직 산출하지 못했습니다. 현업 공유회 이후 예상비용을 포함한 리스크 개선방안과 관련한 세부 추진계획을 수립해서 별도 보고드리겠습니다."

"지금 청소기가 매출도 손익도 안 좋아지고 있는 상황인데, 아직 소송이 없는 불법파견과 관련해서 이것을 꼭 지금 해야 되는 건가? 청소기뿐만 아니라 전 공장에 이런 일이 있을 것 아닌가? 그러면 투자비용이 만만치 않을 것 같은데……."

"사장님! 만약 협력사 근로자가 당사를 대상으로 근로자지위확인 소송이 접수되고 난 이후에 이런 개선활동을 시행한다면 우리의 부정적인 징표가 전부 오픈된 이후여서 불법파견 리스크를 낮추기에는 어려움이 있을 것이고, 또 소송 역시 우리에게 불리하게 흘러갈 가능성이 높습니다. 신규 사업장인 울산2공장에서만 이런 리스크가 있고, 또 다른 공장의 경우에는 이전 진단 때 대부분 개선을 한 상황이라서 투자비용은 생각하시는 것보다 그리 크지는 않을 것 같습니다."

"송 팀장, 지금 회사 상황을 몰라서 하는 소린가? 지금 매출도 손익도 전부 전년대비 마이너스가 되고 있는 상황이고 올 하반기,

내년은 더 힘들 것 같은데. 그런데도 이것을 꼭 해야 하는 건가?"

"네, 사장님. 우선 개선방안을 현업과 논의한 이후에 신규 투자를 포함한 예상소요비용을 산출해서 최소비용으로 리스크를 헤징(hedging)할 수 있는 방안에 대해서 추진하도록 하겠습니다. 초기에 바로 잡지 못하면 나중에는 우리 명송에게 더 큰 리스크와 더 큰 부담으로 오기 때문에 지금 꼭 개선을 해야 합니다. 최소비용으로 추진해 보겠습니다."

"무슨 말인지 알겠네. 청소기사업부와 결과 공유회하고, 개선방안 세부 추진계획을 협의해서 수립해 보세요. 비용 부분에 대해서는 나보다는 청소기 사업부장이 더 민감하게 검토할 거니까. 그 세부계획 나오면 다시 봅시다."

"네, 알겠습니다. 사장님. 이만 나가보겠습니다."

"송 팀장, 현업 공유회를 먼저 하고 결과를 사장님께 보고드릴 걸 그랬나?"

보고를 마치고 사무실로 돌아오는 길에 조 상무가 송 팀장에게 묻는다. 사장님께서 비용에 대해서 예상보다 민감하게 반응하신 걸 보고 현업부서 협의 없이 보고한 것이 내심 마음에 걸린다.

"아닙니다. 상무님. 상무님께서 사장님께 먼저 보고드리자고 결정하신 게 신의 한 수였던 것 같습니다. 사장님 보고 없이 현업 공유회 때 우리가 진단한 결과와 개선방안에 대해서만 이야기했다면 청소기 사업부에서는 더 민감하게 비용 가지고 이야기를 했을 겁니다. 그러면 우리는 사장님께는 보고도 못 드려 보고 청소기사업부와 계속 협의하다가 시간만 가서 현장개선은 더 미뤄지게 되었을 겁니다. 사장님께 사전 보고드렸고 현업 공유회 이후 개선방안 세부실행 계획을 수립해서 보고해 달라고 코멘트하셨다는 걸 청소기사업부에 이야기하면 개선방안에 대한 세부 추진계획을 수립할 수밖에 없을 테니까요. 잘하신 의사결정인 것 같습니다. 상무님."

"맞아. 송 팀장이 나한테 보고할 때 내가 그 부분을 고려해서 사장님께 먼저 보고드리자고 한 거였거든. 여하튼 이제 청소기사업부와 잘 공유하면 되는데, 괜찮겠어? 결과 공유회는 언제야?"

"다음 주부터 각 사업장별로 시작합니다. 청소기사업부는 화요일이고요. 전체 대면회의로 하려고 했는데, 지방에 계신 분들이 많아서 생산실장과 제조팀장은 서울 본사에서 대면회의로 진행하고 현장반장, 조장은 화상회의로 참석할 예정입니다."

"쉽지 않은 회의가 되겠군. 여하튼 오늘 보고 준비한다고 수고 많았어. 사장님한테 문제점을 꼭 개선해야 한다고 몇 번에 걸쳐 이야기하는 송 팀장 보고 좀 놀랐어! 하하."

"네, 고맙습니다. 실장님. 제가 아니더라도 우리 명송을 위해서 이것은 꼭 해야 하는 일이니까요. 그래서 좀 파이팅했습니다. 하하."

조 상무와 송 팀장은 사장 보고를 마치고 웃으면서 사무실로 돌아왔다.

현업 공유회

화요일, 본사 회의실

상생협력팀은 이번 주부터 준법도급 진단결과 공유회를 진행하고 있다. 월·수·금요일에는 회전기사업부가, 화·목요일에는 청소기사업부가 진행될 예정이다. 오늘은 청소기사업부 결과 보고회가 있는 날이다. 생산실장과 제조팀장이 참석했고, 사업장의 반장, 조장은 화상으로 참석했다. 회의진행은 강 과장이 맡았다. 이 대리가 계획보고와 최종결과 보고서를 작성하고 업무담당자이나, 청소기사업부 현장진단을 나간 강 과장이 진행하는 것이 현장 관련 질의응답에 대한 대응이 쉬울 것 같아서 교체를 했다.

"안녕하십니까, 상생협력팀 강 균성 과장입니다. 바쁘신 가운데 생산실장님, 제조팀장님, 노사지원팀장님 그리고 현장의 반장님, 조장님까지 청소기사업부 준법도급 진단결과 공유회에 참석해 주셔서 감사합니다. 금일 회의는 본사 회의실에서 대면회의와 화상회의 듀얼로 진행할 예정입니다. 회의 도중 화면이 끊어지거나 하면 상생협력팀으로 연락주시면 바로 조치하겠습니다. 그럼 지금부터 공유회를 시작하겠습니다."

강 과장이 파워포인트 슬라이드를 넘기면서 준비한 준법도급 진단 최종결과 보고를 시작했다. 참석자들은 준비한 자료와 슬라이드를 보면서 청소기사업부의 진단결과를 경청했다.

"지금까지 준법도급 진단결과 도급 리스크와 개선방안에 대해서 말씀드렸습니다. 지금부터는 가장 위험성이 높은 도급 리스크에 대해 어떻게 개선할 것인지에 대해서 상생협력팀에서 검토한 개선방안에 대해서 설명해 드리고 논의하도록 하겠습니다. 앞서 설명해 드린 것처럼 가장 위험성이 높은 리스크는 스탠드 모니터를 통해서 라인에 공급할 부품의 종류와 순서, 시기를 협력사 근로자에게 지시하는 것입니다. 이는 원청이 하청 근로자에게 업무상 상당한 지휘·명령을 한다는 것으로 판단될 가능성이 높습니다. 이와 함께 1층 납품처리장에서 협력사 직원이 약 50명 정도 근무를 하고 있어 당사 현장감독자인 조 반장으로부터 직접 작업지시도 발생하고 있으며, SNS 단체방을 통한 업무지시가 또한 발생하는 것을 확인할 수 있었습니다. 이를 개선할 수 있는 방안은 총 3가지입니다. 첫째는 우리와 협력사 간의 공정 연계성을 차단하기 위해서 협력사는 적치장으로 부품 납품을 하고, 우리 명송 직원이 납품하치장에서 라인까지 부품을 직접 공급하는 것입니다. 두 번째 안은……."

"강 과장! 잠깐만요. 우리가 직접 부품을 라인에 공급한다고요?"

슬라이드를 바라보던 제조팀장이 날카롭게 강 과장의 말을 자르고 들어왔다. 목소리 톤과 억양을 봤을 때에는 뭔가 마땅치 않은 눈치다.

"네, 팀장님. 우리가 직접 부품공급을 하지 않으면 스탠드 모니터를 보고 납품을 하는 협력사 직원과의 연계성을 차단할 수가 없습니다."

"그러면 그런 일을 하는 사람을 더 투입해야 되는데, 그럴 사람이 어디 있습니까? 사람이 있다 하더라도 인건비는 어떻게 하고요. 그리고 또 예전에 협력사가 하던 일을 우리 직영 직원들이 어디 하려고 하겠습니까? 직영이 하다가 협력사에 아웃소싱한 것을 다시 우리 직원보고 하라고 한다? 또 우리 현장 직원들 대부분이 노조원이어서, 노조에서도 반발이 심할 것 같은데요? 이것까지 다 검토하시고 개선방안이라고 저희한테 설명하시는 건가요?"

격양된 목소리로 제조팀장은 강 과장을 쏘아붙였다. 내공이 있는 강 과장도 몰아치는 제조팀장의 말에 기가 눌린 듯하다. 하지만 이내 마음을 가다듬고 말을 이어간다.

"네, 팀장님께서 어떤 부분을 우려하시는지는 충분히 알겠습니다. 저희가 리스크를 헤징할 수 있는 방안에 대해서 3가지로 고민해서 제안을 드리는 것입니다. 보시는 것처럼 각 대안별로 장단점이 있습니다. 사람이 더 투입되어야 하고 또 직영 직원들이 부품을 공급하는 작업을 해야 하는데 직영 직원들의 거부감, 노조와의 협의문제 등등이 단점입니다. 이런 대안에 대해서 어떻게 할 것인지에 대해 논의하는 자리라고 봐주시면 고맙겠습니다."

"노사지원팀장님 참석하셨죠? 직영 직원들한테 저 일을 시키면 노조에서 가만히 있지 않을 것 같은데, 가능한 이야기입니까 이게?"

제조팀장은 다시 격양된 목소리로 노사지원팀장의 의견을 물었다. 송 팀장은 첫 번째 대안인 부품공급을 우리 명송 직영 직원이 직접 하게 되면 노조와의 협의가 필요할 것이기 때문에 노사지원팀장에게 회의에 참석해 달라고 사전에 요청해서 참석시켰다.

　"노사지원팀장입니다. 우리 노조와 단협 사항에 노조원의 직무를 변경할 경우에는 노조와 협의를 하도록 되어 있습니다. 부품공급 직무가 제조 타공정에 비해서 힘든 일이어서 노조원들도 쉽게 하려고 하지는 않을 것 같습니다. 그렇기 때문에 노조와의 협의도 쉽지는 않을 것으로 보입니다."

　"제조팀장님, 지원팀장님. 지금 우리 명송의 불법파견 리스크에 대해 이야기를 나누고 있습니다. 향후에 있을지 모를 위험에 대해서 미리 어떻게 해결하고 개선할지에 대해서 실장님과 제조팀장님 그리고 여러 유관부서 담당 팀장님과 담당자들께 현재 상황과 이를 해결하기 위한 대안을 설명해 드리고 의견을 모으는 자리를 마련한 것입니다. 이것 해라 저것 해라는 자리도 아니고요. 싸우자고 온 자리는 더더욱 아닙니다. 또 노조와의 협의가 힘들다면 어떻게 할지에 대해서 의견을 나누고 같이 머리를 맞대서 해결하는 방법을 찾아봐야 하지 않을까요?"

　가만히 듣고 있던 송 팀장이 흥분한 제조팀장과 소극적인 노사지원팀장을 향해 이야기했다.

"제조팀장님의 고민은 충분히 이해합니다. 제조원가에 대해서 항상 생각하시고 어떻게 하면 1원이라도 더 줄일까 하는 고민이 많으신 것도 잘 알고 있습니다. 노사지원팀장님도 노조와의 협의가 쉽지 않고 또 임단협 중인데 이런 이야기를 꺼내는 것 자체가 부담이라는 것도 잘 알고 있습니다. 하지만, 이게 우리의 일입니다. 우리 명송의 일입니다. 만약에 이것을 이런저런 이유로 해결하지 않고 그냥 덮어두면 어떻게 될까요? 나중에 더 큰 위험과 부담으로 우리에게, 우리 후배들에게 다가올 것입니다. 최근 우리 업계에서 불법파견 판례가 계속 나오고 있는 것 보셨잖아요. 지금 우리는 협력사에서 근로자지위 확인소송을 제기하지 않았지만, 이게 앞으로 계속 안하리란 보장은 없거든요. 현재 소송이 없는 것은 우리 생산실장님과 제조팀장님, 그리고 현장에 계시는 반장님, 조장님들께서 리스크에 대해서 명확히 인지하시고 개선을 잘해 주셨기 때문입니다. 그래서 이번에 진단을 해보니 이런 문제가 있어서 어떻게 했으면 좋겠는지 실질적인 대안에 대해서 이야기하는 자리를 마련한 것입니다. 지난주 금요일 사장님께도 관련되어 보고를 드렸습니다. 보고를 받으시고 현업부서와 개선방안에 대해서 논의를 해서 세부 추진계획이 나오면 다시 한번 더 보자고 말씀을 하셨고요."

가만히 듣고 있던 생산실장이 이야기한다.

"송 팀장, 송 팀장 이야기는 무슨 의미인지 알겠어요. 제조팀장이 요즘 실적이랑 손익 때문에 압박을 많이 받고 있어서 좀 격양된 것 같네요. 제조팀장! 흥분을 좀 가라앉히고. 지금 이 자리는 우리가 이 리스크를 해결할 수 있는 실질적인 개선안이 무엇인지를 찾는 자리입니다. 첫 번째 대안인 우리 직원이 부품공급을 하치장에서 직접 한다는 것은 인원 신규 투입과 노조와의 협의 등으로 어려울 것 같아 보이는데, 3가지 안이 있다고 하니까 3가지 안에 대해서 다 듣고 이야기를 나누는 게 좋을 것 같네요."

"네, 실장님. 계속 설명해 드리겠습니다. 두 번째 안은 협력사의 부품 납품장소를 납품 적치장이 아닌 라인 옆으로 변경하는 것입니다. 그러면 라인 제조공정에 있는 우리 직원이 부품을 가져다가 사용하면 공정연계성을 차단할 수 있습니다. 이를 위해서는 라인 옆에 부품을 적치할 수 있는 공간이 필요하고, 이전보다는 적치 캐파가 줄어들 것이므로 협력사의 납품 횟수를 늘려서 대응하는 방법에 대한 검토가 필요합니다."

"제조팀장! 현재 우리 생산동에 라인 옆에 부품을 적치할 공간이 나옵니까?"

"여유 공간이 있기는 한데 부품 적치공간을 위해서는 라인 이설 공사가 필요합니다. 또 협력사 납품 횟수가 얼마나 증가하는지는 검토해 봐야 하는데, 납품 횟수 증가에 따라 협력사 단가 인상도 고려되어야 할 것 같습니다."

"그럼 사람 투입은 하지 않아도 되고 노조와의 협의도 필요 없으니, 첫 번째 대안보다는 두 번째 대안이 현실 가능성이 높아 보이네요. 물론 라인 이설공사 투자비랑 협력사 단가가 얼마인지가 중요하겠지만. 세 번째 개선방안은 무엇입니까?"

"세 번째는 장기적인 관점에서 검토가 되어야 할 부분입니다. 도요타가 컨베이어벨트를 제거하고 AGV로 차량을 라인으로 이동시켜서 차량부품을 조립하는 것에서 벤치마킹한 것인데요. 부품 적치장에 협력사가 납품을 하는 방식이라면 거기서 라인까지 부품공급을 AGV로 하는 것입니다. 인원투입은 없게 되고, 신규 공정에 대한 노조와의 업무협의도 필요하지 않습니다."

"이것 역시 투자가 수반되는 거네요. 제조팀장! AGV는 지금 우리가 생산혁신방안 하나로 검토되고 있는 것 아닌가? 부품공급도 적용 분야에 포함해서 검토하면 될 것 같은데?"

"네, 실장님. 검토는 할 수 있는데, 이것 역시 투자가 수반되는 부분이라……."

"생산혁신을 하기 위해서 제조에서 AGV로 하겠다는 방향이 섰다면 부품공급까지 같이 검토하는 거지. 그걸로 인해 효율이 얼마나 나오고 투자비 회수는 어떻게 하겠는지 검토만 되면 이것도 포함해서 추진할 수 있는 것 아니에요?"

"네, 검토해 보겠습니다."

"그래요. 그러면 정리되었네요. 3가지 개선방안 중에 두 번째 안인 부품공급을 라인 사이드로 하는 것으로 진행하고 그에 따라 필요한 라인 이설공사 투자비, 납품 횟수가 늘어남에 따른 단가 변경 등 비용에 대한 것을 검토하도록 합시다. 그리고 세 번째 대안은 지금 생산혁신방안으로 검토하는 안 중에 하나인 AGV 도입 분야에 부품 공급을 포함시키는 것으로 하면 되겠습니다. 송 팀장, 이렇게 정리하면 되죠?"

"네, 실장님. 고맙습니다. 명쾌하게 정리해 주셨습니다. 사장님께 보고드렸을 때도 투자비용에 대한 고민이 가장 크셨습니다. 3가지 안에 대해서 가장 현실적이고 실행 가능한 2번째 안인 부품 납품 장소를 라인 사이드로 변경하는 것으로 결정하고 그에 따라 수반되는 투자비나 고려사항들을 세부 추진계획에 담아서 보고드리면 될 것 같습니다. 생산실장님께서 이렇게 회의에 참석해 주셔서 의사결정을 해 주시니 잘 마무리가 된 것 같습니다. 고맙습니다. 실장님."

"아니에요. 상생협력팀도 우리 제조도 모두 명송을 위해서 일하는 거잖아요. 다 잘되자고 그런 거니까. 우리 제조팀장이 아까 격양된 목소리로 이야기한 것은 워낙에 일에 대한 욕심이 많은 친구라 그런 점 이해해 주시고요."

"그럼요. 우리 제조팀장님의 명송에 대한 사랑은 제가 누구보다 잘 알고 있습니다. 괜찮습니다. 하하."

"제가 아까는 좀 흥분을 했습니다. 요즘 상반기 실적 마감으로 매출하고 손익을 보고 있는데, 실적이 좋지 않아서 스트레스를 받고 있는데 또 비용 이야기를 해서 그만 그랬습니다. 죄송하고 이해 부탁드립니다."

"자, 그럼 오늘 회의는 이렇게 마무리하면 되겠는데요? 상생에서 뭐 더 하실 말씀 있으신가요?"

"네, 실장님. 오늘 회의록은 작성해서 공유해 드리겠습니다. 비용 검토와 함께 세부 추진계획은 제조팀장님께서 맡아 주시는 건가요?"

"네. 비용 검토와 세부 일정 수립을 같이 하면, 다음 주 정도에는 세부 추진계획이 나올 것 같습니다. 그때 송 팀장님께 연락드려서 협의하도록 하겠습니다."

"네, 고맙습니다. 제조팀장님. 그리고 오늘 화상으로 참석해 주신 현장의 반장님, 조장님들께도 감사드립니다. 세부 추진계획이 나오면 현장에서 실제로 실행해 주셔야 하기 때문에 앞으로 많은 협조와 지원 부탁드리겠습니다. 그럼 오늘 이상으로 회의를 마치도록 하겠습니다. 참석해 주셔서 고맙습니다. 수고하셨습니다."

1. 준법도급 진단결과 보고서 목차

1. Executive Summary / p.1
   - 각 사업장별 리스크 수준, 핵심 리스크별 개선방안, 향후 일정

2. 진단개요 / pp.1~2
   - 기간, 진단대상, 주요 경과, 진단기준, 진단방법(정량적 진단Tool)

3. 진단결과 / pp.1~2
   - 각 사업장별 점수, 불법파견 판단 점수와 비교, 위험사업장 선정

4. 각 사업장별 리스크 현황 및 개선과제 / pp.2~3(사업장별 세부내용 pp.2~3 첨부)
   1) 현재 리스크
   2) 개선방향 설정
   3) 개선방안 제안
   4) 개선 시 리스크 수준(정량적 진단Tool 점수)

5. 향후 계획 / p.1
   1) 현업 결과 공유회 일정
   2) 하반기 점검 시 개선과제 이행관리 일정

* 메인 보고장표 10페이지 이내
* Executive Summary에 핵심 내용이 담길 수 있도록 작성

2. 개선방안 선정 시 고려사항

(1) 개선과제의 실행력을 높이기 위해서는 리스크를 낮출 수 있는 실행 가능한 방안을 최대한 많이 도출하는 것이 중요

(2) 현업부서에서 가장 중요하게 생각하는 것(투자비 등)을 고려하여 리스크 개선결과의 최소수준과 접점을 찾는 것이 필요

3. 현업 공유회 고려사항

(1) 개선방안 실행을 위해서는 투자 등 추가적인 비용이 필요함. 현업부서는 비용과 효율성을 중요하게 생각하므로 비용투자가 있음에도 불구하고 왜 개선을 해야 하는지에 대한 사전 공감대 형성이 중요(회의, 교육, CEO 메시지 등)

(2) 협업부서에서 해결하기 어려운 부분에 대해서는 도급진단 담당부서에서 지원 필요

〈예시〉

- 신규투자: CEO, 주요 임원에게 리스크 개선 필요성·당위성에 대한 설명(리스크 발생 시 당사 영향, 정량적(재무)·정성적(기업 평판) 요소 등)
- 노동조합과 협의: 개선 필요성·당위성에 대한 설명과 노동조합의 명분 논리(노조원들과 커뮤니케이션 방법 등)

(3) 개선방안에 대한 최종 결정은 현업부서에서 결정

- 도급진단부서는 실현 가능한 개선방안을 다양하게 장단점 등을 검토
- 상호협의를 거쳐 실행주체인 현업부서가 대안 중에서 최적 안을 최종 결정

(4) 회의록은 결정사항을 중심으로 작성해야 하고, 추진부서와 담당자를 공유회 때 꼭 확정하고 회의록에 반영해야 함(추진 실행력 확보 차원).

7
Solution

준법도급 진단의 마지막!
직원교육

굿바이 불법파견
헬로우 준법도급

사내노무사인 기업 현직 팀장이 직접 쓴
불법파견 리스크 예방을 위한 7가지 솔루션

준법도급 진단의 마지막! 직원교육

7
Solution

드디어 상반기 준법도급 진단 현업 공유회가 마무리되었다. 현업 부서별로 세부 추진계획안을 작성 중이고, 취합이 되는대로 상생 협력팀에서는 사장님께 별도 보고를 드릴 예정이다.

"정 대리!"

"네, 팀장님."

"상반기 준법도급 진단이 얼추 마무리되어 가는데, 직원교육을 이제 해야 할 것 같습니다. 교육준비는 어떻게 되고 있나요?"

상생협력팀에서는 직원들의 준법도급에 대한 이해와 마인드 제고를 위해서 도급 관련 부서의 팀장을 대상으로 재작년부터 교육을 해오고 있었다. 교육 중에 팀원들을 대상으로 하는 교육도 있었으면 좋겠다라는 의견이 많아서 올해부터는 팀원까지 교육대상을 확대해서 실시할 계획이다.

"준법도급 직원교육은 반기별 도급진단 이후에 1회씩 하는 것으로 되어 있어서, 지금 대략적인 교육 목차에 대해서 잡은 상태입니다. 목차 확정 이후에 교안 작성하면 7월 중에는 교육을 실시할 수 있을 것 같습니다."

"하계휴가가 8월 첫째 주이니까 7월 마지막 주에는 해야 할 것 같네요. 교육 내용은 어떻게 생각하고 있나요?"

◣ 준법도급 직원교육 목차

"도급 관련 부서 팀장님들은 관련 내용에 대해서 이해 수준이 어느 정도 되지만, 직원들은 그렇지 않기 때문에 준법도급에 대한 이해를 돕기 위해서 기초적인 내용을 중심으로 교육을 하려고 합니다. 그 이후 진단결과를 전체적으로 소개하고 주요 리스크별 개선방안에 대해서 설명하면서 현업부서에서 해 줄 부분을 교육하면 좋을 것 같습니다. 마지막으로 현업업무에서 준법도급을 위해 해야 할 부분에 대해 설명하고 마무리할까 싶습니다."

"교육은 대면교육으로?"

"아닙니다. 전사 도급 관련 부서 팀장과 실무자까지 하면 인원이 꽤 많아서 화상회의 시스템을 활용해서 온라인 교육을 실시하려고 합니다. 교육시간은 2시간 정도면 충분할 것 같습니다."

준법도급의 이해

"좋습니다. 교육내용 하나씩 볼까요? 첫 번째가 준법도급의 이해, 파견과 도급의 구분. 그렇죠. 가장 기본이 되는 것이니까 처음에 설명이 필요할 것 같네요. 그런데 정 대리, '교육 시작하겠습니다.' 하고 바로 파견이 무엇이고 도급이 무엇이고 들어가면 좀 직원들이 이해하는데 딱딱하게 느껴지지 않을까요? 준법도급이 무엇인지, 이것이 지금 어떻게 사회적으로 문제가 되고 있는지 등에 관한 최근 뉴스 동영상을 시청한 후에 파견과 도급의 설명으로 들어가면 좀 더 이해하는데 도움이 되지 않을까 싶은데."

"네, 팀장님. 직원들이 훨씬 더 소프트하게 주제에 대해서 접근할 수 있을 것 같습니다. 관련 뉴스 동영상 찾아서 인트로에 추가해 보겠습니다."

"파견과 도급의 구분도 3자 관계 그림을 보여주면서 설명하는 것도 괜찮을 것 같아요. 설명한 이후에 관련 영상을 한 번 더 보는 것도 괜찮을 것 같아요. 유튜브에 파견, 도급 비교하는 동영상을 본 것 같은데."

"네, 팀장님. 어떤 영상을 말씀하시는지 알 것 같습니다. 그 동영상도 추가하도록 하겠습니다."

"직원들은 특히 온라인 교육은 대면교육이 아니니까 글자보다는 그림, 표와 같은 시각화된 자료나 동영상이 중요할 것 같습니다. 같은 내용을 설명하더라도 글자보다는 동영상이 훨씬 이해도가 높기 때문이죠."

"네, 팀장님. 교육 내용 중에 동영상이나 시각화 자료로 할 수 있는 부분은 최대한 확인해서 교안에 반영하도록 하겠습니다."

"불법파견 판단기준도 단순히 대법원 판단기준 5가지가 무엇인지를 설명해 주는 것보다 대법원 판결문을 그림 파일로 붙인 다음 하나하나 애니메이션 효과를 주어서 직원들이 집중할 수 있게 하는 것이 중요할 듯싶습니다. 안 그래도 판결문이 일반적으로 우리가 쓰는 말과는 달리 좀 딱딱하잖아요. 그것을 어떻게 효과적으로 직원들에게 잘 전달할지를 고민하는 것이 중요할 것 같습니다."

"아, 팀장님. 그냥 현업부서 팀장님들만 대상으로 교육을 하면 안 될까요? 쉽게 이해시키기 위해서 동영상에 애니메이션에 해야 할 게 너무 많은 것 같습니다."

"정 대리, 우리가 도급 리스크 진단하고 개선방안을 제안하고 현업부서와 협의해서, 개선의 실행은 현업부서의 직원들이 해줘야 되는 것입니다. 그렇다면 오히려 현업 팀장님들보다 직원들이 더 교육을 받아야 되는 것 아닐까요? 그런 의미를 이해하고, 어렵겠지만 한 번 해봅시다."

"네, 팀장님."

"불법파견 인정 시 파급영향도 직접고용의무, 과태료, 형사처벌 등을 PPT로 설명한 다음 관련 뉴스 동영상을 추가해 주면 쉽게 정리되고 이해할 수 있을 것 같네요. 여기도 동영상을 넣도록 합시다."

"네."

2 상반기 준법도급 진단결과

"두 번째인 상반기 준법도급 진단결과는 어떻게 구성할 생각인 가요?"

"사업부별 진단결과를 그래프로 그려서 사업부와 공장별로 비교되게 그리면 좋을 것 같습니다. 한눈에 사업부의 현재 리스크 수준을 알 수도 있고, 불법파견 판단 점수와 비교해서 어떤 상태인지 명확하게 보여줄 수 있을 것 같습니다."

"좋습니다. 그래프로 시각화되면 의미가 더욱 더 잘 전달이 될 거니까. 주요 리스크별 개선방안이 가장 중요할 것 같습니다. 여기서 현업부서 담당자들이 해주어야 할 부분도 명확하게 언급이 되어야 하니까요."

　"그래서 마이너한 부분에 대해서는 언급을 하지 않고, 현업 공유회 때 논의되었던 3가지 리스크에 대해서 무엇이 왜 문제가 되는지에 대해서 설명을 하고 그것을 개선하기 위해서는 3가지 개선방안이 있었는데, 대안별로 장단점 분석결과 부품 납품을 라인 옆으로 하는 방안을 최종 선택하게 되었음을 보여주면 좋을 것 같습니다. 각각의 대안이 우리와 협력사 공정 간의 연계성을 차단하는 것이라는 점도 강조하면서 소요비용과 장단점 분석을 통한 최적안을 선택했다는 점을 강조하면 직원들이 개선방안을 실행할 때 도움이 될 것 같습니다."

　"네, 좋네요. 그 다음에 실행을 하기 위해서는 현업 실무자분들의 지원과 협조가 있어야지만 리스크가 개선이 된다는 점은 꼭 강조했으면 좋겠습니다. 해야 할 부분과 해서는 안 될 부분을 예시를 들어서 설명해 주는 방법도 괜찮을 것 같고요."

3 사례연구

　"이를 바탕으로, 다음으로 실제 사례에 대해서 설명해 주면 직원들이 이해하는데 도움이 될 것 같아서 사례연구를 추가해 봤습니다."

　"사례연구까지 하면 직원들이 잘 이해할 수 있을까요?"

"준법도급이 무엇이고 그것을 지키지 않았을 때는 어떤 영향이 있고 법원에서는 어떤 기준으로 판단하는지를 봤기 때문에, 실제 사례를 가지고 대입시켜 보는 것도 준법도급을 이해하는데 도움이 될 것 같습니다."

"그러면 어떤 방식으로 풀려고요?"

"최근 대법원 판례와 당사 사례를 크게 두 부분으로 나눠서 각 판례별 사실 관계를 기반으로 먼저 설명한 다음, 왜 소송을 제기했는지, 원청과 협력사는 어떤 주장을 했는지, 법원은 어떤 판단을 내렸는지를 순서대로 살펴본 후 각 사건에서 우리에게 주는 시사점이 무엇인지를 이야기하는 방식으로 구성할까 싶습니다."

"사건별 사실 관계를 하나의 스토리로 구성해서 소송의 시작부터 결과까지 보여준다?"

"네, 맞습니다. 시각화나 동영상 등으로 직원들이 이해하기 쉽게 스토리를 만들기가 쉽지는 않을 것 같은데, 한편의 글을 쓴다는 느낌으로 준비해 보겠습니다."

"제일 시간이 많이 들어가는 작업이겠네요. 허허. 괜찮겠어요? 정 대리?"

"팀장님께서 좀 전에 말씀하신 것처럼 실질적인 개선방안의 실행은 현업부서의 직원들이 해야 하기 때문에 누구보다 이에 대한 이해가 필요할 것 같습니다. 그렇다면 생소한 부분을 쉽게 이해하는데 도움이 된다면 시간이 들더라도 한 번 만들어 봐야 되지 않을까 싶습니다."

"그래요. 정 대리 혼자 작업하기 힘든 부분이니까 교안 작성을 할 때에는 팀원들하고 나눠서 작업하는 걸로 합시다. 준법도급의 이해는 정 대리가 작성하면 될 것 같고, 상반기 진단결과는 이 대리가 결과 보고서를 작성했기 때문에 이 대리가 맡아서 정리하면 될 것 같고요. 사례연구는 정 대리가 메인으로 하되 대법원 판례는 판례를 분석했던 윤 차장, 당사 관련은 강 과장과 함께 작업하는 것으로 하면 되겠습니다. 그렇게 업무지시 할게요."

"네, 팀장님. 고맙습니다."

 ## 도급 리스크 예방가이드

"사례연구는 그렇게 정리하면 될 것 같네요. 도급 리스크 예방 가이드는 무엇이죠?"

"이것이 제가 직원대상 교육 때 가장 중점적으로 다뤄 보려고 하는 부분입니다. 개선방안은 현장에서 준법도급 측면에서 리스크가 있는 부분을 해결하기 위한 솔루션이라면, 예방가이드는 실무자들이 현업 업무를 할 때 챙겨볼 수 있는 준법도급을 확보할 수 있는 실무 팁이라고 할 수 있습니다."

"실무 팁이라…… 현업담당자들에게 굉장히 와 닿겠네요. 예방가이드로 무엇을 팁으로 줄 생각인가요?"

◣ 도급 리스크 예방가이드

구분	도급 리스크 예방가이드
1	협력사 선정 시 관리능력을 고려하라!
2	도급요소를 강화하라!
3	도급계약서를 정비하라!
4	협력사는 결과로 통제하라!
5	협력사 도급업무 과정개입을 최소화하라!
6	현장대리인을 활용하라!
7	협력사와는 수평관계임을 인지하라!
8	혼재상태를 분리하라!
9	서류 등 외관을 정비하라!
10	실무자의 인식과 관행을 바꿔라!

"실무자들이 현업에서 할 수 있는 준법도급 확보방안을 10가지로 추려보았습니다."

"이걸 전부 언제 다 준비하셨나요? 현장진단 때문에 많이 바빴잖아요?"

"재작년부터 팀장 대상 교육자료를 좀 참고하고 노동부 질의회시나 판례평석 등 각종 자료들을 틈틈이 보면서 정리를 해오고 있었습니다. 언젠가는 필요하지 않을까라는 생각으로요."

"대단한 걸요? 좋습니다. 그러면 무슨 내용을 담을지 한번 들어 봅시다."

"첫째로 '협력사 선정 시 관리능력을 고려하라!'입니다. 협력사가 도급업무를 수행할 수 있는 전문성과 기술성이 있는지, 협력사 자체의 인사노무에 대해서 관리할 수 있는 조직과 자원이 있는지 등을 협력사를 선정할 때 검토해야 한다는 사실을 설명해 주려고 합니다. 협력사의 실체성에 기본이 되는 부분이고, 관리능력이 있는 경우에는 관련 이슈가 발생했을 때 그렇지 못한 협력사보다는 충분히 리스크를 최소화할 수 있기 때문입니다."

"구매팀에서 협력업체 선정하는 기준에 관련 요소를 반영시키는 것도 괜찮을 것 같네요."

"네, 팀장님. 확인해보니까 구매팀의 업체선정 기준에서는 전문성과 기술성 여부에 대해서는 반영되어 있는데, 조직 관리력에 대한 부분은 반영되어 있지 않아서 구매팀에 별도 협조요청을 하겠습니다."

"현업 실무자들도 관련 내용에 대해서 인지하고 있다면 업체 계약할 때 한 번 더 들여다 볼 수 있고 괜찮을 것 같습니다. 다음은요?"

"두 번째는 '도급요소를 강화하라!'입니다. 협력사가 자체적으로 관리를 하면서 도급업무를 수행한다는 것에 대한 근거를 확보하는 것입니다. 예를 들면 협력사가 스스로 인사권을 행사하는 것과 관련해서는 그 인사발령 관련 품의서나 게시문이 근거가 될 수 있기 때문에 협력사는 그것을 실시한 후 보관해야 하고 우리 명송의 담당자는 협력사의 인사권에 개입을 하지 말아야 한다는 것을 예를 들어 보여 주겠습니다."

"우리 명송의 담당자들이 협력사 인사권 개입 등 해서는 안 될 행동을 몇 개 예시를 들어 추가하는 것도 괜찮을 것 같네요. 그렇게 하시죠."

"네, 알겠습니다. 세 번째는 '도급계약서를 정비하라!'입니다. 도급 업무를 구체적으로 약정해야 하고 도급업무 수행을 위한 설비ㆍ장비는 협력사가 보유하고 유상임차가 원칙으로 반영되어야 한다는 점, 또한 도급비는 물량도급으로 일의 완성과 연동되게 산정이 되어야 한다는 점을 강조하려고 합니다."

"도급업무의 내용, 설비 등의 조달방법, 도급비 산정방식에 대한 내용으로 정리할 수 있겠네요."

"네 번째는 '협력사는 결과로 통제하라!'입니다. 도급업무 수행과정 상에 원청의 업무지시 등은 있어서는 안되고 협력사의 재량으로 과정을 수행해서 일의 완성의 결과가 되어야 한다는 내용이면 될 것 같습니다. 다섯 번째는 '협력사 도급업무 과정개입을 최소화하라!' 입니다. 네 번째 내용과 연결되는 내용으로, 원청이 협력사의 업무 수행 과정상에 개입한 주요 사례(업무지시 등)에 대한 것을 소개하고 각 사례별로 원청이 어떻게 해야 되는지를 보여주려고 합니다. 실무자 들에게 사례를 통해서 어떻게 해야 하는지에 대해서 구체적으로 보여 주면 도움이 될 것 같습니다."

"네 번째와 내용상 중복되는 것은 아닌가요?"

"네 번째는 도급수행 과정으로 통제하지 말고 일의 완성, 도급 업무의 결과로 통제하라는 일반론에서 이야기를 한다면, 다섯 번째는 사례를 들어서 어떤 형식으로 도급업무 수행상의 과정에 개입되는 지를 보여주고 각 사례별로 결과로서 통제하는 방법을 예를 들어 설명해서 네 번째를 좀 더 구체화했다고 보시면 될 것 같습니다."

"이해를 돕기 위한 사례다. 음, 괜찮을 것 같네요. 여섯 번째는요?"

"여섯 번째는 '현장대리인을 활용하라!'입니다. 원청에서 업무 발주나 수행방법의 조율 등은 협력사 근로자가 아닌 현장대리인을 통해서 이루어져야 된다는 점을 다시 한번 환기시키고, 현장대리인은 도급업무 협의와 조정을 할 수 있는 전문적인 역량을 가지는 사람으로 선임해야 한다는 점을 다시 한번 강조하려고 합니다. 특히, 현장 업무를 함께하는 현장대리인은 현장대리인의 전문성을 약화시킨다는 점도 교육내용에 포함시켜서 실무자들이 현장대리인 선임 자격에 대한 내용도 인지할 수 있게 하겠습니다."

"현장대리인 선임계를 누락하는 경우도 있으니까 도급계약서의 첨부 서류로 포함될 수 있도록 언급해 주세요. 구매팀에는 별도로 요청을 해주시고요."

"네, 알겠습니다. 일곱 번째는 '협력사와는 수평관계임을 인지하라!' 입니다. 원청과 협력사가 수직 · 종속적인 관계라는 생각으로 일을 시키고 업무수행 과정상에 개입할 수 있기 때문에 수평관계임을 인지시키고 수직적 용어보다는 수평적 용어를 사용하자는 형태로 구성해 보겠습니다."

"수직적 용어? 수평적 용어?"

"예를 들어서 지시한다는 내용의 수직적 용어보다는 요청한다는 수평적 용어로, 승인보다는 협의로, 보고보다는 설명으로 등과 같은 예시를 들면서 수직적 용어를 사용하면 용어 자체에서 수직 · 종속적인 관계라고 생각하기 쉽기 때문에 수평적 용어를 사용해야 한다는 식으로 정리해 보겠습니다."

"실무자들이 협력사와 업무할 때 지켜야 할 기본적인 비즈니스 매너에 대해서도 교육내용에 포함시키면 괜찮을 것 같습니다. 좋습니다."

"여덟 번째는 '혼재상태를 분리하라!'입니다. 청소기사업부 생산동에서도 생산 초기 안정화를 위해서 부득이하게 협력사 인원을 상주시킨 것으로 봐서는 혼재근무에 대한 내용을 강조해도 지나침이 없을 것 같습니다. 혼재를 하게 되면 작업지시와 실질적 편입이 자연스럽게 이루어질 수밖에 없다는 점을 설명하면서 작업공간의 분리, 업무과정 상의 분리를 해야 한다는 내용으로 반영해 보겠습니다."

"역시 혼재근무인 상태와 분리된 상태, 업무과정상 연계된 상태와 분리된 상태를 그림으로 보여주고 거기서 어떤 문제가 나타나는지를 언급해 주면 교육받는 현업부서 실무자들이 명확하게 이해할 수 있을 것 같네요. 그런 방향으로 교안을 준비해 봅시다."

"네, 알겠습니다. 팀장님. 아홉 번째는 '서류 등 외관을 정비하라!' 입니다. 협력사의 조직도에 우리 직원이 포함되어 있다든지, 협력사 명찰이나 사원증에 우리의 로고가 있다든지 등등 기본적인 서류나 게시판 등에 문제가 없는지에 대해서도 실무자가 관심 있게 봐야 한다는 점도 포함시키면 좋을 것 같습니다. 기본적인 사항이어서 놓칠 수도 있기 때문에 실무자 교육에서는 꼭 언급이 되어야 할 것 같아서요."

"네, 기본적으로 서류 등과 같은 기본적인 내용에 대해서는 실무자가 직접 챙겨야 한다는 점을 다시 한번 강조하면 괜찮을 것 같네요."

"마지막으로 열 번째는 '실무자의 인식과 관행을 바꿔라!'입니다. 우리가 계속 진단하고 교육하고 하는 것보다는 실제로 현업부서의 실무자들이 도급 리스크에 대한 인식과 개선에 대한 공감대가 없으면 리스크 개선은 이루어지지 않는 만큼 이에 대한 중요성을 강조함과 동시에 주기적인 교육의 참여도 당부하면서 적법하게 도급을 운영해야 한다는 점을 마지막으로 교육내용에 포함하려고 합니다."

"네, 좋습니다. 우리 정 대리가 현장진단 나간다고 시간이 없었을 텐데, 이렇게 준법도급 직원교육 교안에 대한 목차와 대략적인 내용까지 준비하신다고 수고 많았습니다. 제가 피드백 드린 사항을 반영해서 교안을 작성해 봅시다. 7월 마지막 주에는 온라인 교육이 실시되어야 하니까, 이번 주에 교육대상자들에게 사전 일정이 안내되어야 할 것 같고요. 교안준비와 함께 온라인 교육 시스템도 총무팀을 통해서 이상 없는지 사전에 확인하는 것이 필요할 것 같습니다. 교육 관련사항 잘 준비해 주시고 교육자료 초안이 완성되면 별도로 보고해 주시고요. 수고 많았습니다. 정 대리."

"수고하셨습니다."

송 팀장은 회의실을 나오면서 입가에 미소가 지어진다. 개선방안 세부 추진계획은 이제 거의 마무리가 되었고, 다음 주 중으로는 사장님께 보고드릴 수 있을 것 같다. 준법도급 직원교육까지 8월 하계휴가 전까지 마무리가 되면 준법도급 진단의 준비부터 직원 교육까지 한 사이클이 마무리가 되기 때문이다. 숨 가쁘게 달려온 올해 상반기도 이렇게 마무리가 되는구나라고 생각하며 가벼운 발걸음으로 사무실로 향했다.

준법도급 직원교육 목차 및 주요내용

1. 교육 목차

1. 준법도급의 이해
   1) 파견과 도급의 구분
   2) 불법파견 판단기준
   3) 불법파견 인정 시 영향

2. 상반기 준법도급 진단결과
   1) 사업부별 결과
   2) 주요 리스크
   3) 개선방안
   4) 현업담당자 유의사항

3. 사례연구
   1) 최근 대법원 판례
   2) 당사 관련 케이스

4. 도급 리스크 예방가이드

2. 주요 내용

구분	항목	주요 내용
1. 준법도급의 이해	1) Intro	• 불법파견 무엇이 문제인가(동영상) 　- 불법파견이 무엇인지, 어떻게 사회적으로 　문제가 되고 있는지 등을 보여주는 동영상 　으로 교육대상자의 이해도 제고 목적
	2) 파견과 도급의 구분	• 파견, 도급의 3자 관계 그림, 유튜브 등 관련 동영상
	3) 불법파견 판단기준	• 5가지 판단기준을 대법원 판결문을 PPT, 애 니메이션 등을 활용하여 시각화 전달
	4) 불법파견 인정 시 영향	• 직접고용, 과태료, 형사처벌 등의 내용 설명 과 함께 관련 뉴스 동영상을 추가
2. 준법도급 진단결과	1) 사업부별 결과	• 사업부, 공장별 결과 점수 비교 그래프 • 불법파견 판단 점수와 비교
	2) 주요 리스크	• 현장 확인사항을 통한 핵심 리스크 도출
	3) 개선방안	• 개선방안 대안별 내용 • 최종 개선방안 선정 사유
	4) 현업담당자 유의사항	• 최종 개선방안 실행을 위한 현업담당자 업무
3. 사례연구	1) 최근 대법원 판결	• 사건별 스토리를 하나의 이야기로 구성 　① 소송제기 배경 　② 소송당사자별 주장내용 　③ 사실관계 　④ 법원 판결 이유 　⑤ 최종 결론 　⑥ 시사점 • 당사 영향 등 시사점을 통해 당사가 해야 할 부분 강조
	2) 당사 사례	

구분	항목	주요 내용
4. 도급 리스크 예방가이드	1) 협력사 선정 시 관리능력을 고려하라!	• 전문성 · 기술성 보유 • 협력사 자체 조직관리력 보유
	2) 도급요소를 강화하라!	• 도급업무 수행을 위한 협력사 자체 운영 요소 강화(사업계획 수립, 인사권 행사 등)
	3) 도급계약서를 정비하라!	• 도급업무 구체적 명시 • 설비 · 장비는 원칙적으로 협력사 소유 (유상 임차)
	4) 협력사는 결과로 통제하라!	• 도급업무 수행과정상 원청 업무지시 × • 일의 완성 결과물로 통제 ○
	5) 협력사 도급업무 과정개입을 최소화하라!	• 과정상 개입 주요사례 • 사례별 원청이 어떻게 해야 하는지 대안 제시
	6) 현장대리인을 활용하라!	• 현장대리인을 통한 업무발주 · 조율 • 전문역량 보유자를 현장대리인으로 선임
	7) 협력사와는 수평관계임을 인지하라!	• 수직적 용어보다는 수평적 용어 사용
	8) 혼재상태를 분리하라!	• 작업공간의 분리, 업무과정상 분리
	9) 서류 등 외관을 정비하라!	• 조직도, 계약서 등 기본서류 확인
	10) 실무자의 인식과 관행을 바꿔라!	• 도급 리스크 개선을 위한 필수 요소임을 강조

최근 MES 관련
주요 판례 비교

굿바이 불법파견
헬로우 준법도급

사내노무사인 기업 현직 팀장이 직접 쓴
불법파견 리스크 예방을 위한 7가지 솔루션

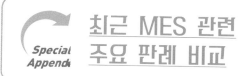

"강 과장, 최근 MES 관련 대법원 판례가 나왔죠? 불법파견으로 판결한 케이스도 있고 준법도급으로 판결한 케이스가 있는데, 그 2가지 케이스를 비교해서 우리가 참고할만한 시사점을 도출해 봅시다."

"네, 팀장님. MES 관련하여 올해 7월에는 P사에서 불법파견으로, '18년 12월에는 H사에서 준법도급으로 대법원에서 최종 판결을 내렸 습니다. 이 2가지 케이스를 비교해 보면 될 것 같습니다."

"각각의 사실관계가 달라서 최종 판결이 불법파견으로, 준법도급으로 나뉘었을 것 같습니다. 대법원의 5가지 판단기준으로 케이스별로 살펴봅시다."

H사 MES 관련 준법도급 사례

- 1심: 서울중앙지방법원 2015. 4. 17. 선고 2014가합550098 판결
    → 준법도급 판결
- 2심: 서울고등법원 2016. 7. 16. 선고 2015나2023411 판결
    → 준법도급 판결
- 3심: 대법원 2018. 12. 13. 선고 2016다240406 판결
    → 준법도급 판결

"H사는 타이어를 제조·생산하는 회사입니다. '90년대부터 타이어 반제품 운반업무, 물류업무, 청소업무 등을 협력업체로 외주화를 시켰는데 협력업체 소속 근로자들이 '15년에 H사를 상대로 근로자지위확인소송을 제기하였는데, 1심부터 3심까지 모두 준법도급으로 판결한 사례입니다."

(1) 업무상 상당한 지휘 · 명령 여부

"강 과장, H사는 MES와 관련해서 무엇이 문제가 되었나요?"

"2심에서 협력업체 근로자 측에서는 원청의 운영서버인 G-MES (Global Manufacturing Execution System), 재고현황판 등을 통하여 원청 생산관리팀이 작성한 생산계획, 부적합 현황, 재고량, 반제품 등을 확인한 후 이에 따라 업무를 수행하도록 하고 원청 직원들이 협력업체 근로자들이 작업한 반제품의 불량을 관리하는 등의 방식으로 업무지시를 하였다고 주장하였습니다."

"재판부는 그 주장에 대해서 어떻게 판단하였나요?"

"협력업체 근로자 측에서 제출한 모든 증거들에 의하여도 원청이 협력업체에 재고량, 생산량, 생산계획 등에 관하여 알리면서 일, 주, 월 단위의 작업총량을 할당한 것을 넘어서 협력업체 근로자들에 대하여 직접 구체적인 작업방법, 작업순서, 작업속도 등을 지시 또는 결정하였거나 그 일을 담당할 협력업체 근로자들의 수나 구체적인 담당자를 정하였거나 원청 직원들이 구체적인 작업방법을 지시하였거나 도급계약에 있어 완성된 물건에 하자가 있는지 여부를 검사하는 정도를 넘어서 구체적 · 개별적으로 부적절한 작업방법에 대한 시정지시 등을 하였음을 인정하기에는 부족하고 인정할 증거가 없다고 판시했습니다."

"1심에서는 MES에 대해서 주장을 하지 않다가 2심에서 협력업체 근로자 측에서 추가로 증거를 제출하면서 MES를 통한 직접 작업 지시에 대해서 주장을 한 건가요?"

"네, 맞습니다. 팀장님. G-MES 운영서버 초기 화면, 생산계획 장표 등 14가지의 증거를 추가로 제출했으나 앞서 말씀드린 것처럼 MES를 통한 작업지시는 받아들여지지 않았습니다."

"제출된 증거가 H사가 MES를 통해서 협력업체 근로자들에게 작업 지시를 했다는 것을 입증하지 못한 것이네요."

"네, 맞습니다. 팀장님."

"근로자지위확인소송에서 입증 증거의 중요성을 볼 수 있는 장면 이네요. 알겠습니다. 두 번째 판단기준과 관련해서는 무엇이 문제가 되었나요?"

(2) 원청 등 사업에의 실질적 편입 여부

"협력업체 소속 근로자들은 모든 공정이 컨베이어 등의 자동화 시스템으로 연결되어 있어서 원청인 H사로부터 직접 작업지시를 받았고 H사의 사업으로 실질적으로 편입되었다고 주장하였으나 재판부에서는 그렇지 않다고 판단하였습니다."

"법원에서는 그렇게 판단한 이유가 무엇인가요?"

"재판부에서는 컨베이어의 작동속도는 특정 공정의 적치량을 결정하게 될 뿐 타이어의 생산량이나 생산방식에는 직접 영향을 미친다고 보기 어렵다고 판단했습니다."

"왜 그렇게 판단하였나요?"

"먼저, 컨베이어, 트롤리 등으로 전체 공정이 연결되어 있지 않았고 일부 특정 몇 개 공정만이 연결되어 있어서 자동화 시스템에 의한 공정 연계성이 없다고 봤습니다."

"전체 공정이 아니라 일부 공정만이 컨베이어, 트롤리 등으로 연결되어 있다?"

"네, 협력업체 도급업무였던 물류공정이 지연되더라도 원청의 업무인 타이어 직접생산공정 업무에는 지장이 없다고 판단하였습니다. 특히, 개별 공정별로 8시간분의 재고량이 있어서 협력업체 도급업무인 운반업무에서 사고가 발생하더라도 타이어의 생산 업무에는 작업 중단 없이 진행되어서 공정 간의 연계성이 없으므로 H사 사업으로 실질적 편입이 이루어지지 않는다고 봤습니다."

"공정별 재고물량을 공정 간의 유기성을 완화하는 수단으로 판단한 거군요."

"네, 맞습니다. 팀장님. 이번 상반기 준법도급에서도 이것을 근거로 청소기사업부에서 적치 캐파를 기존 4시간에서 8시간으로 늘려야 한다고 개선과제를 도출했습니다."

"컨베이어, 트롤리 등으로 공정 간에 연결되어 있더라도 공정별로 재고물량을 최소 1일치를 확보하게 되면 공정 간의 연계성을 끊게 되어 준법도급으로 판단될 수 있는 거네요."

"네, 맞습니다. 팀장님."

(3) 인사노무 관련 결정·관리 권한 행사 여부

"인사노무 관련 권한 행사 여부와 관련해서는 무엇이 문제가 되었나요?"

"협력업체 소속 근로자들은 H사에서 운반계획서를 협력업체에 배부하여 그것을 통하여 작업속도, 작업시간 등을 결정했다고 주장했습니다."

"원청에서 운반계획서를 하청에 전달해서 그대로 작업이 이루어졌다면 작업시간과 같은 인사노무 권한을 원청에서 행사했다고 볼 수 있을 것 같네요. 법원은 어떻게 판단했죠?"

"법원은 운반계획서를 H사에서 협력업체에 배부한 것은 인정되나 원청의 계획 생산량, 운반량 등 1일 작업총량을 협력업체에 할당하는 의미 이상은 아니라고 봤습니다."

"왜 그렇게 판단했죠?"

"1일 작업총량을 달성하기 위한 구체적인 작업방법까지 관리·통제 하는지 여부는 확인되지 않았고, 오히려 구체적인 작업방법은 사내 협력업체에 있다고 판단했습니다."

"관련한 증거를 협력업체 근로자 측에서 제출하지 않았나 보네요."

"네, 맞습니다. 주장에 대한 근거가 제출되지 않아서 법원은 협력 업체 근로자들의 주장을 받아들이지 않았습니다. 또 원청에서 협력 업체 근로자들을 대상으로 OJT 교육을 실시하였고 평가를 하였다 고도 주장했으나, 이 역시 증거가 없어서 재판부에서는 받아들이지 않았습니다."

"근로자지위확인소송에서는 주장을 입증할 수 있는 증거가 중요 하다는 것을 다시 한번 알 수 있는 대목이네요. 우리도 준법도급 진단을 통해서 개선활동을 하면서 참고해야 할 부분인 것 같습니다."

(4) 계약목적의 확정, 업무의 구별, 전문성·기술성 보유 여부

"근로자파견 판단기준 네 번째에 관해서는 법원에서 어떻게 판단 했나요?"

"H사는 타이어 반제품 운반업무, 물류업무, 청소업무 등을 순차적 으로 외주화하여서 원청과 협력업체 업무의 내용과 범위를 구분이 가능하다고 봤습니다. 또 원청 소속 근로자의 결원이 있을 때에도 협력업체 근로자로 대체한 경우가 없어서 업무의 구별이 된다고 판단하였습니다."

"외주화하는 업무와 범위를 원청에서 사전에 정하여서 진행하였기 때문에 원청의 업무와 협력업체의 업무가 구분이 가능하다고 본 것이군요."

"네, 맞습니다."

(5) 계약목적 달성을 위해 필요한 기업조직 · 설비 등의 보유 여부

"다섯 번째 기준에 대해서는 재판부에서 어떻게 판단했나요?"

"원청인 H사가 협력업체에 사무실, 생산설비 등을 무상 또는 저렴한 가격에 제공하였고 원청 주관으로 설비 점검과 보수작업을 시행한 것은 생산 설비의 소유자인 원청이 도급업무의 원활한 진행과 협조를 위해서 시설 관리권 범위 내에서 취한 합리적인 조치라고 볼 수 있고, 근로자파견의 징표에 해당한다고 볼 수는 없다고 봤습니다."

"협력업체가 H사 소유의 작업장 내에 있기 때문에 설비 등을 무상 내지 저렴한 임대료를 받고 대여해도 도급에 있어서 부정적인 징표는 아니라고 본 것이네요?"

"네, 그렇습니다. 법원에서는 업무상 상당한 지휘·명령 여부, 원청 등의 사업에의 실질적 편입 여부를 보다 중요한 판단기준으로 삼고 있다고 보여집니다."

"네, 그렇군요. H사 사례의 경우에는 1심부터 3심까지 모든 재판부에서 위와 같은 판단기준에 대한 근거로 불법파견이 아닌 준법도급으로 판결을 내렸나요?"

"네. 서울중앙지법, 서울고법, 대법원까지 준법도급으로 판결했습니다. 2심에서 협력업체 근로자 측에서는 MES를 통한 작업지시를 이유로 변론 종결 후에 변론재개요청을 하였으나 재판부는 받아들이지 않았습니다. 특히 대법원에서는 협력업체 근로자들이 근로자파견 관계의 징표로 주장한 사정들 중 일부 인정되는 사정들만으로는 원청으로부터 실질적인 지휘·명령을 받는 근로자파견 관계에 있다고 보기 어렵다고 판시하여 주장에 대한 입증증거의 중요성에 대해서 다시 한번 강조하였던 것으로 보입니다."

"이 정도면 준법도급으로 인정된 H사의 사례에 대해서는 검토가 된 것 같네요. 불법파견으로 판단된 P사의 사례가 중요할 듯 싶습니다. 특히, 1심에서는 준법도급으로 판단받았는데 2심과 3심에서는 불법파견으로 인정되어서 그것에 대한 심급별 재판부에서 어떤 근거로 판단했는지에 대해서 살펴보는 것이 중요할 것 같습니다."

P사 MES 관련 불법파견 사례

"네, 팀장님. P사는 상시 근로자 2만여 명을 사용하여 철강 제조업 등을 행하는 회사입니다. 제철소의 여러 공정 중 압연공정(반제품을 압연하여 열연코일이나 냉연코일 등의 제품을 생산하는 공정)과 관련한 각종 작업을 사내협력업체에게 도급하여 왔습니다. 그 과정 중 '19년에 협력업체 근로자들의 일부가 원청과 맺은 협력작업계약의 실질은 도급이 아닌 근로자파견 계약에 해당된다고 근로자지위확인소송을 제기하였습니다. 1심에서는 준법도급으로 판단을 받았으나, 2심과 3심에서는 불법파견으로 인정되었습니다. 특히, MES와 관련하여 불법파견 최종 대법원 판결이어서 철강업계뿐만 아니라 현재 산업계 전반에 많은 파장을 일으키고 있는 사례입니다."

"강 과장, 그러면 1심 재판부와 2심과 3심의 재판부가 근로자파견 판단기준별로 어떻게 판단하였는지 살펴봅시다."

(1) 업무상 상당한 지휘 · 명령 여부

"1심에서는, 작업표준서는 외주화한 업무의 생산공정을 표준화할 필요성이 인정되고 원청과 협력업체의 내용상의 유사성만으로는 실질적인 지휘 · 명령으로 볼 수 없다고 판단했습니다."

"원청의 작업표준서와 협력업체의 작업표준서가 비슷한 내용이었나요?"

"네, 원청에서 협력업체 작업표준서의 내용에 대해서 원청의 내용과 비슷한지 정합성을 검증하였거든요. 이것을 근거로 협력업체 근로자들은 작업표준서를 통해서 원청에서 직접 작업지시를 내렸다고 주장했습니다."

"그런데 재판부에서는 내용이 비슷하다고 해서 실질적인 지휘 · 명령이 있다고 본 것은 아니고, 다른 직접 작업지시에 직접적인 근거가 없기 때문에 작업표준서를 통한 업무상 상당한 지휘 · 명령을 부정한 것이네요."

"네, 맞습니다. 팀장님."

"상급심 재판부에서는 어떻게 판단했나요?"

"2심과 3심에서는 작업표준서에 대해서 업무상 상당한 지휘 · 명령 요소가 있다고 봤습니다."

"어떤 근거로요?"

"법원은 대부분의 작업표준서의 내용이 노무수행 결과에 대한 내용이 아니라 노무제공의 세부방식에 대해서 규율하기 때문에 작업표준서를 통해서 P사가 협력업체 근로자들에게 작업지시를 했다고 판단했습니다. 예를 들어서 '지게차 운전석 뒤에 있는 냉각수 마개를 반시계 방향으로 돌려 완전히 연다.' 등의 내용은 노무수행 결과에 대해서 통제하는 것이 아니라 노무 제공의 세부방식에 대해서 통제하는 것이라고 판단근거를 제시하고 있습니다."

"그렇군요. MES를 통한 작업지시는 어떻게 판단했나요?"

"재판부는 P사의 MES에 대해서 다음과 같이 사실관계를 정리했습니다."

- P사는 고객으로부터 철강제품을 주문받으면 P사 사무실에서 주문 정보를 전산관리시스템(MES)에 입력한다. 그러면 MES에서 고객이 주문한 물적 특성을 갖춘 제품을 생산하기 위해서 거쳐야 하는 공정계획 등에 관한 정보(MES 정보)가 자동 생성되고 제철소에 자동 전달된다.
- MES 정보가 현장상황을 반영하지 못한 경우도 있는데 이때에는 협력업체 근로자와 P사 소속 근로자들이 의사소통하여 MES 정보를 수정한다.
- 천장크레인 운반작업(협력업체 도급업무)의 경우 코일의 운반위치, 운반 순서 등에 관한 정보가 MES를 통해 전달되면 천장크레인에 설치된 CLTS(크레인 추적시스템) 화면에 표시된다.

- 크레인 운전 외의 공장업무(협력업체 도급업무)에 관해서도 작업유형별로 작업에 필요한 정보가 MES를 통해 작업현장에 비치된 모니터에 제공되고,

- 슬리브 보급업무(협력업체 도급업무)의 경우 슬리브 투입이 필요한 코일의 두께나 폭에 관한 정보가 MES를 통해 전달되며,

- 시편업무(협력업체 도급업무)의 경우 채취되는 시편리스트가 MES를 통해 제공된다.

- 제품업무(협력업체 도급업무)에 관해서도 입고·이적된 코일리스트, 목전 라벨 부착 대상 리스트, 출하검수용 송장 리스트 등이 MES를 통해 제공된다.

"협력업체 근로자들은 도급업무별로 원청이 다양한 방법으로 제공한 MES 정보를 기초로 협력작업을 수행한 거네요."

"네, 맞습니다. 팀장님."

"이런 MES에 대해서 1심 재판부는 어떻게 판단했나요?"

"원청이 협력업체 근로자들에게 다양한 방법으로 MES 정보를 전달한 것은 협력 작업의 대상인 공장업무, 제품업무의 내용을 구체화한 것으로 해석된다고 판단하였습니다. 여기서 주목해야 할 점은 협력업체 근로자들이 MES 정보에서 어떤 업무를 처리할 것인지를 결정할 수 있는 재량권이 있었기 때문에 MES 정보를 구속력 있는 작업지시라고 보지 않았습니다."

"업무처리에 대한 재량권이 협력업체 근로자들에게 있었다?"

"네. MES 정보로 전달된 작업순서의 변경은 불가하지만 여러 작업 사이에서 어떤 작업을 먼저 수행하는지 여부를 협력업체 근로자들이 선택할 수 있었습니다. 이 점을 재판부에서는 업무처리에 대한 재량권이 있다고 봤고, 결국 P사가 MES를 통해 직접 작업지시를 한 것은 아니라고 판단했습니다."

"그렇군요. 상급심에서는 MES와 관련해서 어떻게 판단했나요?"

"1심과는 반대로 MES는 작업내용, 작업장소, 작업위치, 작업순서 등과 같은 구체적인 공정계획을 자동으로 생성하여 이를 협력업체 소속 근로자들에게 전달하고, 협력업체 근로자들은 MES를 통해 전달받은 바에 따라 협력 작업을 수행하기 때문에 P사의 MES를 통한 직접 작업지시성을 인정했습니다."

"원청인 P사에서는 MES와 관련해서 어떻게 주장을 했나요?"

"P사는 도급인인 P사가 수급인인 협력업체에게 MES를 통해서 필요한 정보를 제공한 것에 불과하다고 주장했습니다. 하지만, 재판부는 P사로부터 도급받은 업무를 협력업체의 독자적인 기술과 작업 방식으로 일을 완성하여 결과물을 이전하는 것이라기보다는 P사가 정해 놓은 작업내용, 작업장소의 틀 안에서 P사로부터 지시받은 바에 따라 압연코일을 생산하기 위해 노무를 제공하는 것이라고 판단했습니다. 또 P사는 협력업체 근로자들에게 '언제 어떤 크레인에 탑승하여 작업 대상 코일을 MES상의 좌표로 안전하게 운반하라.'고 지시한 것은 코일 운반위치에 대한 정보를 제공한 것에 불과하다고 주장했습니다. 하지만, 재판부는 MES를 통해 작업 대상인 압연코일을 특정하고 그 코일을 운반해야 할 위치, 작업해야 할 코일의 순서 등이 수신되면 협력업체 근로자들은 임의로 이를 수정·변경할 수 없고 그 MES 정보에 따라 작업을 수행해야 하고 그렇기 때문에 협력업체 근로자들의 재량과 판단에 의해 해당 작업의 수행은 불가능하다고 판단했습니다."

"1심에서는 MES 정보는 도급받은 업무의 내용을 구체화한 것에 불과하고 협력업체 근로자들에게 어떤 업무를 처리할 것인지에 대한 재량권이 있기 때문에 MES 정보를 구속력 있는 작업지시라고 보지 않았는데 상급심에서는 작업내용, 작업순서 등과 같은 구체적인 공정 계획이 MES 정보에 반영되어 있고 협력업체 근로자들은 이를 수정·변경할 수 없는 등 재량권이 없기 때문에 MES 정보를 구속력 있는 작업지시로 인정한 거군요."

"네, 맞습니다. 팀장님. 1심과 상급심의 판단 이유 차이의 핵심은 바로 MES를 통해서 전달받은 작업내용, 작업순서 등과 같은 공정 계획에 대해서 수정·변경할 수 있는 재량권이 있는지 여부입니다."

"작업내용, 작업순서, 작업위치, 작업순서 등과 관련해서 협력업체 근로자들이 자유롭게 수정하고 변경하여 선택할 수 있으면 MES를 통한 작업지시성은 성립이 안되는 거네요."

"네, 맞습니다."

(2) 원청 등 사업에의 실질적 편입 여부

"근로자파견 판단기준 두 번째와 관련해서는 1심과 상급심은 어떻게 판단했나요?"

"1심에서 협력업체 근로자들은 컨베이어 등 자동화시스템으로 공정이 연결되어 있어 원청인 P사가 결정한 작업속도에 구속이 된다고 주장했습니다. 하지만 1심 재판부는 철강제품생산에는 장시간이 소요되고 고객의 주문량과 제품 창고 공간 등이 생산속도에 영향을 주기 때문에 생산속도는 컨베이어 등과 같은 자동생산시스템에 의해 결정되는 것이 아니라 개별공정 근로자의 작업방식에 의해서 결정된다고 판단했습니다."

"상급심에서는요?"

"상급심에서는 1심과 반대로 협력업체 근로자에게는 작업속도, 작업방식을 결정하는 실질적인 재량권이 없다고 판단했습니다."

"1심과 전혀 다른 결론이네요. 이유는 무엇인가요?"

"상급심 재판부는 협력업체 도급업무인 운반작업이 협력업체 근로자에 의해서 지연되거나 중단이 될 경우에는 원청인 P사의 손해 발생 가능성이 매우 높고 또 P사는 협력업체 근로자들이 얼마나 신속히 운반업무를 처리하는지 관리하여 작업지연 시에는 KPI 평가에 반영하여서 협력업체 근로자들에게 작업속도와 관련한 재량권이 없다고 봤습니다."

"협력업체 근로자들에게 재량권이 있는지 없는지 여부가 재판부에서 중요하게 판단하는 기준인 것이네요. 알겠습니다. 협력업체 업무와 원청의 업무 간의 연계성에 대해서는 심급별 재판부는 어떻게 봤나요?"

"1심에서는 협력업체 업무와 원청의 업무 간에는 밀접한 연관성이 인정된다라고 하면서 운반 관련 업무인 협력업체 업무와 생산기계를 조작하여 철강제품을 만드는 원청의 업무는 기능적으로 구분이 가능하다고 판단했습니다."

"철강제품을 운반하는 업무와 철강제품을 제조하는 업무는 운반과 제조로 다르니까 기능적으로 구분이 가능하다고 볼 수 있겠네요."

"하지만, 상급심에서는 협력업체 업무와 원청 업무는 분리가 어렵다고 봤습니다."

"이유는요?"

"협력업체 업무는 철강제품을 운반하고 각종 검사를 보조하고 창고를 관리하는 업무인데, 이는 원청인 P사 업무인 압연코일을 생산하는 업무에 필수적인 지원작업이기 때문에 밀접하게 유기적으로 연관되어 있다고 봤습니다."

"원청 업무에 필수적인 지원작업이므로 구분이 안되고 밀접하게 연관이 되어 있다?"

"네. 공정과 공정을 연결하고 공정을 준비하고 마무리하는 역할을 협력업체가 하기 때문에 P사와 협력업체는 분업적 협업관계를 형성하고 있다고 봤습니다. 협력업체의 작업성과가 전체 압연코일을 생산하는 소요시간과 작업결과에 영향을 미칠 수밖에 없기 때문에 밀접하게 연관되어 있어서 개념적으로는 원청인 P사와 협력업체의 업무가 구분이 가능하나 하나의 작업집단으로 편성되어 수행했다고 보는 것이 타당하다고 판단했습니다."

"분업적 협업관계요?"

"네. P사와 협력업체가 하나의 업무를 나눠서 협업을 하면서 하나의 작업진단이라고 보는 것이죠. P사의 작업표준서에도 협력업체 근로자 작업내용이 포함되어 있고, 협력업체 작업표준서에도 원청인 P사 직원의 작업내용이 포함되어 있는 것을 근거로 들고 있습니다."

"작업표준서에 원·하청 간의 작업내용이 같이 들어 있는 경우에는 하나의 작업집단을 형성하는 것으로 보는 거군요."

(3) 인사노무 관련 결정·관리 권한 행사 여부

"인사노무권에 대해서는 법원별로 어떻게 판단했나요?"

"원청인 P사가 협력업체에 대해서 KPI 평가를 한 것을 두고 1심과 상급심에서 달리 판단하고 있습니다."

"원청에서 협력업체 평가를 할 수 있는 것 아닌가요? 우리도 하고 있고요."

"네, 할 수 있습니다. 하지만 재판부에서는 평가방법에 대해서 깊이 들여다보고 있었습니다. 1심에서는 KPI 평가를 계약 갱신 여부와 계약금액 요율 감액 여부를 결정하고 협력업체 품질 향상을 유도하는 등 차기 도급계약 체결의 기초자료라고 판단하여 원청인 P사가 KPI를 통하여 협력업체 근로자를 평가하였다는 것을 인정하지 않았습니다. 하지만 상급심은 달리 판단했습니다. KPI 평가를 구속력 있는 작업 지시로, 협력업체 근로자들이 따를 수밖에 없다고 판단했습니다."

"이유는요?"

"P사의 KPI 평가방식을 보면 법원의 판단 이유를 알 수 있습니다. MES 작업실시가 지연될 경우 정해진 KPI 점수를 차감하는 방식입니다. 일의 완성 여부에 대한 평가가 아니라 노무제공 과정에 대한 평가로, 협력업체 근로자들은 KPI 평가에 구속될 수밖에 없다고 본 것입니다."

"아, 협력업체 근로자들의 작업에 대해서 직접 평가하여 인사권한을 P사가 행사했기 때문에 원청에 의한 인사노무권 행사를 인정한 것이군요."

"네, 맞습니다. 팀장님. 이 밖에도 외주화할 때 최초 교육을 P사가 협력업체 직원들에게 실시한 점, 협력업체가 P사 작업일정과 관계없이 휴게시간을 부여할 수 없다는 점, P사가 협력업체 근로자 교체를 요구할 수 있다는 점 등도 P사가 협력업체의 인사권 행사에 부분적으로 관여한 것이라고 볼 수 있다고 했습니다."

(4) 계약목적의 확정, 업무의 구별, 전문성 · 기술성 보유 여부

"철강제품을 제조하는 P사 업무와 철강제품을 운반하는 업무 등 협력업체 업무는 구분이 되기 때문에 네 번째 판단기준에서는 1심과 상급심 재판부에서 긍정적으로 판단했을 것 같은데요?"

"그렇지 않습니다. 1심은 기능적으로 원 · 하청 간의 업무 구분이 가능하고 크레인 조작업무를 원청과 하청이 모두 하고 있었다는 부분에 대해서는 천장크레인을 통해서 운반하는 협력업체 업무와 쇳물을 옮기는 용선 크레인을 조작하는 P사의 업무는 질적인 차이가 존재 한다고 봤습니다."

"크레인을 통해서 철강제품을 단순히 운반하는 것과 철강제품 원료인 쇳물을 크레인을 통해서 운반하는 것은 질적인 차이가 있다?"

"하지만, 상급심에서는 원·하청 간의 업무에는 질적인 차이가 없다고 판단했습니다. 원청인 P사가 하는 용선 크레인을 통해 쇳물을 옮기는 업무가 천장크레인을 통해 철강제품을 운반하는 협력업체 업무보다 더 핵심적이고 중요도가 높을 뿐 질적인 차이는 없다고 판단했습니다. 그리고 협력업체의 업무 자체도 전문성과 기술성을 요구하지 않고 단순·반복적인 업무라고 봤습니다."

"크레인 운전업무를 하려면 크레인 자격증이 있어야 되는 것 아닌가요? 그러면 전문성과 기술성이 있는 업무라고 보여지는데?"

"맞습니다. 하지만 재판부에서는 자격 취득 후에 기초사항을 습득하면 곧바로 수행이 가능하기 때문에 단순·반복적인 업무이지 전문성과 기술성을 요하는 업무는 아니라고 보고 있습니다. 특히, 협력업체가 과거 쟁의행위를 했을 때 P사 직원들이 크레인 업무에 비상대체 투입이 된 것으로 전문성과 기술성이 없다는 이유로 들고 있습니다."

"아, 단순히 직무자격증을 가지고 있다는 것으로는 전문성과 기술성을 입증할 수 있는 것이 아니네요."

(5) 계약목적 달성에 필요한 기업조직·설비 보유 여부

"1심에서는 협력업체가 독자적으로 작업에 투입될 근로자를 배치하고 지휘할 수 있는 체계를 가지고 있고, 협력 작업을 수행할 수 있는 독자적인 설비를 보유하고 있다라고 봤습니다. 하지만 상급심에서는 협력업체가 독자적인 인적·물적 인프라를 갖추고 있으나 협력업체가 P사에 대부분의 매출을 의존하고 있고 제3자에 의한 하도급 금지, 영업권 등의 일체 권리 주장을 하지 못하는 등 전속성이 높기 때문에 협력업체에 대해서 도급계약의 주체로서 독립적인 실체성을 부정했습니다."

"단순히 조직과 설비를 갖추었다 하더라도 상급심에서는 보다 더 실질적인 부분을 들여다보고 판단한 것이네요."

 ## 3 MES와 관련한 2가지 사례를 통한 시사점

"강 과장, 수고 많았습니다. 2가지 케이스에 대해서 근로자파견 판단기준별로 분석하고 잘 비교해 주셨습니다."

"최근에 MES와 관련한 P사 대법원 판례가 산업계 전반에 많은 파장을 일으키고 있어서 저도 이번 기회를 통해서 한 번 정리할 수 있어서 좋은 기회였습니다. 팀장님."

"이 2가지 케이스를 통해서 우리 상생협력팀이 참고해야 할만한 시사점이 무엇이 있을까 생각해 봤습니다."

"네, 제가 정리해서 팀원들에게 공유하겠습니다. 업무하는데 많은 도움이 될 것 같습니다. 팀장님."

"첫 번째는, 단순히 MES 시스템 자체가 바로 작업지시성이 인정되지는 않는다는 점을 확인할 수 있었습니다. H사 사례에서 입증할 만한 증거가 제출되지 않아서 구체적으로 다뤄지지는 않았지만, 협력업체 근로자 측에서 MES를 통해서 작업지시를 했다고 주장했으나 재판부는 주장을 인정할 증거가 없기 때문에 인정하지 않았습니다. 하지만 판결문을 통해서 MES를 통한 작업지시성을 인정하기 위한 수준과 범위를 확인할 수 있었습니다."

"재판부에서는 MES를 통한 작업지시성을 인정하기 위한 수준과 범위는 무엇으로 보고 있나요?"

"MES를 통해서 ① 직접 구체적인 작업방법, 작업순서, 작업속도 등을 지시 또는 결정하였거나, ② 그 일을 담당할 협력업체 근로자들의 수나 구체적인 담당자를 정하였거나, ③ 원청 직원이 협력업체 근로자들에 대해서 질문에 대한 답을 하거나 개인적으로 돕는 것을 넘어서 구체적인 작업방법을 지시하거나, ④ 도급계약에 있어 완성된 물건에 하자가 있는지 여부를 검사하는 정도를 넘어서 구체적 · 개별적으로 부적절한 작업방법에 대한 시정지시 등을 하는 정도로 보고 있습니다. 이 4가지를 토대로 저희가 준법도급 진단할 때 MES에 대한 작업지시성 여부를 확인하면 되겠습니다."

"현재 진단 체크리스트에 반영되어 있을 건데, 한 번 더 챙겨보겠습니다. 팀장님."

"두 번째는, 원·하청 간 공정 간의 연계성이 높은 경우에는 불법파견으로 판단될 가능성이 높고, 공정 간 연계성을 낮추기 위해서는 실질적인 재량권이 있어야 된다는 점을 확인할 수 있었습니다. H사의 경우에는 일부 공정만이 컨베이어, 트롤리 등으로 연결되어 있어서 공정 간 연계성이 낮고 공정별 재고물량이 공정 간 유기성을 낮추는 재량권 역할을 한다고 보았습니다. 반면에 P사의 경우에는 협력업체 업무가 원청 업무의 필수적인 지원작업이기 때문에 협력업체 근로자가 작업속도와 작업방식을 결정할 수 있는 실질적인 재량권이 없다고 판단했습니다."

"원·하청 간 공정 간의 연계성을 차단하기 위해서는 협력업체에 실질적인 재량권을 주어야 하겠군요. 그래서 우리가 이번 상반기 진단에서 청소기사업부에 개선 과제로 준 적치 캐파를 4시간에서 8시간으로 늘려야 한다고 한 거예요. 그만큼 부품 납품을 하는 성학기전에 8시간만큼의 재량권을 부여한 것이고요. 그런데 이것은 절대적인 기준이 아닌 만큼 연계성을 완화할 수 있는 다른 방안에 대해서도 계속 고민이 필요한 부분입니다."

"네, 알겠습니다. 팀장님."

"세 번째는, 입증 증거의 중요성입니다. H사 사례에서 보았듯이 재판부는 증거를 통해서 주장에 대한 인정 여부를 판단하고 있습니다. 우리가 준법도급 진단을 통해 현업부서의 개선활동을 지원하면서 이 점은 다시 한번 인지해야 하겠습니다."

"네 번째는, 실질적인 개선의 중요성입니다. P사 사례에서 보았듯이 1심과 상급심에서는 같은 사실관계를 두고 준법도급과 불법파견으로 판결이 엇갈렸습니다. 제 생각에는 1심은 형식적인 부분을 중점적으로 보았는데, 상급심에서는 실질적인 내용을 깊이 있게 들여다본 것으로 생각합니다. 우리는 여기에서 준법도급 진단을 통해 여러 개선 활동을 하는데 있어서 실질적인 현장 개선이 되어야 한다는 점을 배울 수 있을 것 같습니다. 형식보다는 실질, 이것이 핵심인 것이죠."

"다섯 번째는, 진단 체크리스트의 고도화입니다. 우리 팀이 계속해서 잘 하고 있는 부분입니다. 시간이 지날수록 불법파견 판결은 진화하고 있습니다. 살아 움직이는 생물인 것이죠. 이것을 우리의 진단 체크리스트에 반영해서 준법도급을 진단해야만 안정적인 사업 운영을 위한 최소한의 준비가 아닐까라고 생각합니다."

"네, 팀장님. 말씀 주신 내용에 대해서는 잘 정리해서 H사 사례와 P사 사례를 비교한 내용과 함께 팀원들한테 공유하도록 하겠습니다."

"강 과장, 정리한다고 수고 많았습니다."

"수고하셨습니다. 팀장님."

Epilogue

    2022년 7월 28일. 대법원에서 P사와 협력업체가 체결한 계약은 도급이 아닌 근로자파견에 해당하여 직접 고용하라는 판결이 나왔다. 특히 MES(Manufacturing Execution System, 생산관리시스템)가 원청에서 협력업체에 도급업무와 관련한 정보전달이 아니라 협력업체 근로자들에게 업무상 상당한 지휘·명령을 했고 그를 통해서 원청의 사업에 실질적으로 편입되었다고 대법원에서 처음으로 판결한 것이어서 철강업계뿐만 아니라 대한민국 산업 전반에 큰 파장을 주고 있다.

    이처럼 불법파견과 관련한 대법, 하급심 판결이 계속해서 나오고 있다. 사내하도급이 제조업뿐만 아니라 서비스업을 포함한 대한민국 산업계 전반에 걸쳐서 사용되고 있는 지금, 어떻게 보면 당연한 현상일 수 있다. 하지만 기업의 입장에서는 이러한 리스크가 직접 고용과 형사처벌 등의 벌칙이 수반되므로 지속가능한 계속기업을 위해서는 꼭 준비하고 검토가 되어야 할 부분이어서 중요하다고 볼 수 있다. 그래서 이 책에서는 불법파견 리스크를 예방하기 위해서 기업에서 할 수 있는 준법도급 진단의 절차와 방법에 대해서 실제 기업에서 경험한 내용을 바탕으로 실무 관점에서 기술하려고 노력했다.

필자는 현 직장에서도 준법도급 진단에 관한 업무를 하고 있다. 책을 집필하면서 각종 판례와 실무 부분에 관한 세부적인 내용에 대해서는 팀원들에게 물어보고 확인했다. 다른 업무로도 많이 바빴을 텐데 많은 도움을 준 우리 팀원들에게 이 자리를 빌어 고맙다는 말을 전하고 싶다.

　약 20년 동안의 기업 인사노무 실무 경험을 가진 터라 준법도급 진단에 대해서는 필자 스스로가 어느 정도의 수준은 된다라고 생각했었다. 하지만 책을 집필하면서 정리하다 보니 필자가 잘못 알고 있었던 부분도 있었고, 확실히 알지 못한 부분도 있었던 것 같다. 평생을 공부해야 한다는 선인들의 말씀과 겸손은 최고의 미덕이라는 속담의 의미를 다시 한번 생각할 수 있었다.

　우선 이 책과 관련된 강의 교안을 만들어서 현재 재직하고 있는 회사의 현업 직원들을 대상으로 실무교육을 하고 싶다. 최근의 판례 동향과 함께 현업부서에서 해야 할 내용에 대해서 교육을 한다면 실제로 살아 숨쉬는 참된 직업교육이 되지 않을까 싶다. 그리고 이후에는 필자가 경험한 채용부터 퇴직까지의 주요 인사노무 Practice와 관련한 실무서를 몇 권 더 집필하고 싶다는 생각도 드는 것이 사실이다. 앞으로 현재 직장에서 인사노무를 계속 하면서 직원과 회사를 항상 균형있게 볼 수 있는 시각을 가지면서 인생의 후반전을 잘 준비해 보고 싶다는 생각도 있다.

이 책이 나올 수 있기까지 많은 분들의 도움이 있었다. 아낌없는 사랑으로 지금의 필자를 있게 해 주신 어머니와 아버지, 가족의 참된 의미를 생각하게 해주는 우리 누나, 나의 영원한 롤모델인 우리 형, 그리고 영원한 사랑이자 동반자인 나의 가족에게 감사함을 전하고 싶다. 항상 새로운 일에 대한 도전과 기회를 주시는 사업부장님과 실장님, 그리고 항상 함께 해주는 동료 팀장님들과 팀원들, 저에게 팀장의 첫경험을 안겨 주신 이재원 상무님, 계속 함께 하고픈 알룸나이 장광훈 팀장님, 권유정 차장님께도 감사드린다. 특히 저의 졸작을 직접 감수해 주신 닮고 싶은 선배이자 형인 김우탁 노무사님께 깊은 존경을 표한다.

항상 처음과 같이 이제와 항상 영원히 사람이 먼저라는 생각을 가지고 현재에 감사하며 앞으로를 준비하고 싶다.

[참고문헌]

권혁, 「도급과 파견의 구별에 관한 최신 판례법리 재검토」, 월간 노동법률, 2022년 3월호

최영우, 「개별 노동법 실무」, (주)중앙경제, 2020

고용노동부, 「근로자파견 판단기준에 관한 지침」, 2019

고용노동부, 「체불사건 업무처리요령」, 2016

안지훈, 「사내하도급 Compliance(上)」, 월간 노동법률, 2013년 6월호

[인용판례]

대법원 2022. 7. 28. 선고 2021다221638 판결

대법원 2021. 7. 8. 선고 2018다243935, 2018다243942 판결

대법원 2019. 8. 29. 선고 2017다219072 판결

대법원 2018. 12. 13. 선고 2016다240406 판결

대법원 2015. 2. 26. 선고 2010다106436 판결

서울고등법원 2019. 9. 27. 선고 2018나206639 판결

서울고등법원 2017. 2. 10. 선고 2016나2016939, 2016나2016946 판결

서울고등법원 2017. 2. 10. 선고 2014나51666 등 판결

서울고등법원 2017. 2. 3. 선고 2015나2033531 판결

서울고등법원 2016. 7. 16. 선고 2015나2023411 판결

서울고등법원 2010. 10. 1. 선고 2009나117975 판결

부산고등법원 2021. 1. 13. 선고 2020나50822 판결

광주고등법원 2021. 2. 3. 선고 2019나21018 판결

광주고등법원 2019. 9. 20. 선고 2016나584 등 판결

광주고등법원 2016. 8. 17. 선고 2013나1128 판결

서울중앙지방법원 2022. 8. 12. 선고 2020가합556400 판결

서울중앙지방법원 2020. 2. 13. 선고 2018가합504734, 2018가합527119 판결

서울중앙지방법원 2020. 2. 6. 선고 2016가합524550, 2016가합553442 판결

서울중앙지방법원 2020. 1. 31. 선고 2016가합521209 판결

서울중앙지방법원 2020. 1. 9. 선고 2016가합565278 판결

서울중앙지방법원 2019. 11. 7. 선고 2017가합531647 판결

서울중앙지방법원 2019. 8. 22. 선고 2016가합535581 판결

서울중앙지방법원 2017. 2. 9. 선고 2014가단5355819 판결

서울중앙지방법원 2015. 4. 17. 선고 2014가합550098 판결

광주지방법원 순천지원 2022. 7. 21. 선고 2016가합11180, 2017가합10269 판결

광주지방법원 순천지원 2019. 2. 14. 선고 2017가합12074 판결

광주지방법원 순천지원 2019. 2. 14. 선고 2016가합777 판결

광주지방법원 2013. 9. 26. 선고 2012가합51068 판결

수원지방법원 평택지원 2020. 2. 13. 선고 2018가합10243, 2017가합9246 판결

공인노무사
송 명 건

울산 학성고등학교를 나와 부경대학교에서 경제학을, 부산대학교 경영대학원에서 경영학을 전공하고 졸업했다. ROTC 40기로 전역한 후 2004년부터 LG전자(주) 인사노경그룹 과장, 부산관광공사 경영기획팀 차장, 메가박스중앙(주) 인사팀장을 거치면서 공인노무사로서 다양한 기업에서 인사노무 경험을 했고, 현재는 현대글로비스(주) 협력기획팀장으로 재직 중이다.

약 20년 동안 대기업과 중소기업, 민간기업과 공기업, 제조업·서비스업·물류업 등 여러 기업에서 인사노무를 경험한 실무형 전문가이다. 인사팀장으로 재직하면서 채용, 평가, 보상, 교육, 구조조정 등 채용부터 퇴직까지 HR 전 과정에 대한 경험뿐만 아니라 비정규직 및 사내하도급 관리, 신설노조 및 복수노조에 대한 노사관리, 임단협 교섭위원 경험 또한 가지고 있다. 현재는 협력기획팀장으로 협력사와의 상생협력 관계를 위해 다양한 활동을 하고 있다.

부경대학교, 부산대학교, 경성대학교, 진주 경상대학교에서 각 대학의 산학협력단과 연계한 취업캠프에서 대학생, 대학원생들을 위한 모의 채용면접 및 인사노무 실무특강을 진행했고, 재능기부로 사회적 기업을 대상으로 인사노무 분야 자문을 하고 있다.